Los pensamientos de mi alma, de la oscuridad a la luz

Sólo amándome

Marité Jarquín

ola PUBLISHING INTERNACIONAL

Copyright © 2022 Marité Jarquín, Todos los derechos reservados.

Ninguna parte de esta publicación podrá ser reproducida, almacenada en un sistema de recuperación o transmitido de ninguna manera ni por cualquier medio, ya sea electrónico, mecánico, mediante fotocopias o grabaciones, sin permiso previo de Hola Publishing Internacional.

Para solicitudes de permisos se debe escribir a la editorial, dirigido a "Atención: coordinador de permisos", a la siguiente dirección.

Hola Publishing Internacional
Eugenio Sue 79, int. 4, 11550
Ciudad de México

Primera edición, Octubre 2022
Impreso en los Estados Unidos de América
ISBN: 978-1-63765-333-3

La información contenida en este libro es estrictamente para propósitos informativos. A menos que se indique otra situación, todos los nombres, personajes, negocios, lugares, eventos e incidentes en este libro son producto de la imaginación del autor o usados de manera ficticia. Cualquier parecido con personas reales, vivas o muertas, o eventos actuales, es pura coincidencia.

Hola Publishing Internacional es una empresa de autopublicación que publica ficción y no ficción para adultos, literatura infantil, autoayuda, espiritual y libros religiosos. Continuamente nos esmeramos para ayudar a que los autores alcancen sus metas de publicación y proveer muchos servicios distintos que los ayuden a lograrlo. No publicamos libros que sean considerados política, religiosa o socialmente irrespetuosos, o libros que sean sexualmente provocativos, incluyendo erótica. Hola se reserva el derecho de rechazar la publicación de cualquier manuscrito si se considera que no se alinea con nuestros principios. ¿Tiene una idea para un libro que quisiera que consideremos para publicación? Por favor visite www.holapublishing.com para más información.

Quiero agradecer a Dios por coincidir con todos ustedes aquí, en este plano terrenal, ya que todos ustedes han contribuido de una u otra forma en mi vida, para mi enseñanza de día con día, y me han dado mucha sabiduría. Quiero reconocer la paciencia y el amor de mis hijos, Jonathan Jarquín y David Jarquín, que me brindan su amor y su ánimo, y, sobre todo, me respetan y me apoyan en todas mis decisiones. Y a mi hija Jennifer Sofía que, dentro de su discapacidad severa, fue una gran maestra. Ella dio inicio a mi comprensión de esta vida. David Jarquín, gracias por tu apoyo con el libro, por tu paciencia y enseñanza.

Agradezco a mi papá por darme muchos ejemplos de vida, sobre todo el de seguridad. Te amo, papá. Le doy gracias a Dios por poder elegirte como papá. Estoy muy orgullosa de ti.

Mamá, gracias por la vida, porque decidiste tenerme y enfrentar tantas situaciones conmigo. El mejor regalo de Dios fue ponerme a tu lado y vivir experiencias juntas.

Enrique, eres una gran persona en mi vida, un gran amigo, un gran amor. Te doy las gracias por todo tu apoyo y tu amor incondicional.

Eva, mi hermana menor, eres mi compañera de juegos de la infancia, mi amiga, mi todo. Gracias por todo tu apoyo incondicional. Te amo, hermana.

Gerardo, gracias te doy por todo ese amor incondicional que me brindas en todo momento. Eres un hermano muy especial y muy querido.

Rosa, mi hermana mayor, las palabras se quedan cortas para darte las gracias. Eres mi confidente y mi alegría. Perdí una mamá… ahora sé que te tengo a ti. Te amo, hermana, con toda mi alma.

Eugenio, hermano, quiero darte las gracias por tus atenciones conmigo. Eres muy importante en mi vida. Te amo.

Lulú, gracias, hermana, por apoyarme en su momento cuando lo necesitaba. Te agradezco, te amo.

Emigdio, hermano mayor, te recuerdo con mucho cariño. Gracias por coincidir conmigo en esta Tierra.

Julián, hermano, gracias por toda esa sabiduría emitida hacia a mí. Muchas bendiciones.

Joel, hermano, te extraño, no sabes cuánto. Me dejaste consternada con tu partida. Te agradezco por enseñarme a reír.

Fernando, Mario, Juventino, aunque estaba muy chica cuando ustedes murieron, quiero agradecerles todo su amor que me manifestaron en su momento.

Gracias a mis maestros por sus enseñanzas: Ana Ruiz, Método Analuz; Héctor Gamboa, PNL. A todos mis pacientes de Miahuatlán de Porfirio Díaz, a Inelva García, gracias por toda su enseñanza. Ha sido un placer conocerlos y adquirir su sabiduría.

Hagia Sophia, mi nieta, una alegría en mi vida, una razón más para estar en esta felicidad constante.

Gracias a todos ustedes por su apoyo:

Alma Valle, amiga de toda la vida.
Lic. Elí Blass, gracias por tu apoyo.
Bibiana Vásquez, por tus atenciones con mi familia.
Sonia Guevara.
Psic. Terap. Alejandro Vargas.

Joselyn Ramírez de Navar.

Marlene Jiménez Yasnay García.

Sheila Jarquín.

Marisol Céspedes.

Yolanda Roa.

Edaena Jarquín.

Jacive Carrera.

Miroslava Carrera Palmira Carrera.

Daniela Díaz.

Alejandra Díaz.

Glenda Jarquín.

Iris Darinka Jarquín.

Araceli Pérez Nuvia Jarquín.

Adriana Jarquín.

Laura Elena Pérez Ríos, madrina de este libro.

Gracias, por estar conmigo.

Alma Orozco, Liliana Osorno, Maricelis Ayuso, Fady Abdeer, Carlos Ángeles, Olga Santos, Manuel Carrera Jarquín, Luis Echeverría y Fátima Reyes.

Agradezco a Dios, a la vida y a mi madre, que siempre me motivó a seguir escribiendo; cuando hacía una narración me decía: "Léemelo". Se lo leía y me volvía a decir: "Repítelo". Era mi confidente. Quiero contarles que el alma de mi madre y la mía eran cómplices, que, cuando nos mirábamos, sabíamos qué deseábamos la una de la otra. El alma se manifiesta de muchas formas en uno, y la mía me decía que escribiera. Es un escuchar para escribir, es un dictado constante.

Cuando vivía en el victimismo no podía escucharla. Ella me hablaba, pero el ego la ocultaba, no me dejaba oír, y cuando fui conociéndome, y haciéndome más consciente, el alma fue manifestándose. Empecé escribir, según yo, como un acto de rebeldía. En el tema número 1 (Para ti, mi Dios) hablo de cómo me sentía enojada conmigo misma. Era ese enojo pasivo, pero al final enojo, donde yo quería que Dios volteara a verme. Ya después entendí que Dios siempre nos bendice, pero en este seguimiento yo me cuestionaba: "No fumo, no tomo, ¿por qué me toca vivir esta vida así?". Me sentía insatisfecha. Fue ahí donde apareció mi maestro de Programación Neurolingüística, Héctor Gamboa. Después conocí a mi maestra Ana Ruiz de Método Analuz.

Empezó mi transformación y mi alma comenzó a comunicarse conmigo. Siento yo que escribir era parte de mi sanación, y cada vez escribía y escribía más. Yo misma me preguntaba: ¿qué me pasa? Pero era mi mejor forma de desahogarme, transformarme e ir aceptándome, y me iba gustando. Me siento cada vez más enamorada de mí. Mi salud mejoró mucho. Yo venía tomando 15 pastillas al día, hoy tomo como 4, pero cada día me siento mejor y mi felicidad es constante.

Les quiero contar cómo empecé a sentir esa felicidad. En una ocasión fui a un restaurante con mi hijo y de repente me dio un ataque de felicidad. Le dije a mi hijo: "Creo que voy a morir hoy. Me está pasando algo que nunca había sentido". Él me preguntó: "¿Qué sientes?". "Me siento muy feliz", le respondí. Me duró como media hora ese estado de ánimo. Pasó a los 8 días otra vez, y así sucesivamente. Después me di cuenta de que ya no me enojaba. Todo lo veo tolerable. Mis hijos se ríen de mí porque ya no me enojo, ya no regalo mi paz. Uno de mis hijos me dijo: "Ay, mamá, ¿por qué no tomaste tus cursos antes, ja, ja, ja, para que me amaras como sabes amar hoy?".

Ahora en cada instante hablo con ella, con mi alma, estoy en constante comunicación, ya que ella viene a purificarse a través de mi consciente, porque las almas vienen a vivir una experiencia humana. Lo único que busco con esta escritura es una transformación de día con día; a lo que invito es a ser constantes y perseverantes, con disciplina.

Después de buscar el apoyo de mis maestros ahora puedo decirles que me dedico a apoyar al que desee esta transformación de vida. Ahora soy Terapeuta Energética, me siento plena y aprendí a ver las situaciones desde otro ángulo y me llena de alegría. Uno piensa que las personas que hacen este tipo de transformación ya no van a tener situaciones difíciles, yo les digo que sí las hay de repente, pero se ven de una forma más sana y tranquila, desde otro punto. En todo momento me imagino cuando mi espíritu y mi alma se hicieron uno. El espíritu trae la chispa divina y el alma, la vida; junto con el cuerpo somos uno.

Amo a mi alma y ella me ama; cuando quiero una información ella me la trae; cuando busco algo ella me lo encuentra. A veces quedo tan sorprendida. En las noches, cuando duermo, me trae sueños tan bonitos; cuando salgo me previene de situaciones. Sólo tenemos que conectarnos con nuestra preciosa alma, porque sólo busca nuestro bien. Los invito a este despertar de nuestra alma. Así el vuelo de mi alma de la oscuridad a la luz. Por experiencia les digo que los cambios cuestan esfuerzos, tiempo y dinero, pero cuando nuestra alma quiere este despertar nos induce a buscar una ayuda para dar este vuelo. Hay veces en que damos todo este esfuerzo y tiempo, pero no ponemos la practica constante y todo eso se pierde, es un practicar del diario.

Lo que yo buscaba era sentirme libre; soñaba con volar, volar. Puedo decirles que lo he logrado, tanto así que una de mis metas era constatar este libro; es un logro a mi alma constante que no me dejó, no me abandonó. Le doy gracias a mi Dios, a mi alma, por darme esta oportunidad de sentir esta alma mía. Me veo tan rejuvenecida y amada, tranquila, con mucha paz y con esa capacidad de amarme yo misma. Me veo motivada, realzada, única y especial. Porque de la oscuridad a la luz viene esa felicidad constante, y es amarme. Me hace sentirme plena y abundante en todos los ámbitos positivos, porque amarnos nos hace bien a todos.

Deseo que en este plano todos y todas las personas se sientan muy felices. Yo les digo: regalo mi felicidad al mundo entero. Viva el amor divino, viva el amor de Dios.

Los pensamientos de mi alma,

de la oscuridad a la luz

Marité Jarquín

Índice

Prólogo	21
Oaxaca	23
Para ti, mi Dios	24
Yo en ti	26
Mi Dios	27
Soy una con Dios	28
Te amo	29
Paz en mi alma	30
Grande eres, mi Dios	32
Mi ser dice	33
El perdón	34
En este andar	35
Me acepto	36
Me rindo	37
Entre el cielo y la tierra	38
Mi luz	40
Amanecer	41
La magia	42

Gracias, mi Dios	43
¿De qué color ves el cielo?	44
Mi hermoso Dios	45
¿Cómo es mi alma?	46
Mi alma saluda a tu alma	47
Majestuosidad	48
Mi yo	49
Reconozco a Dios	50
La vida	51
Un atardecer	52
Recibo	53
Amor oculto	54
Dios es mi fuerza	55
Más allá del Sol	56
Contemplándote, madre	58
El otoño	59
A mi ser	60
Colores del cielo	61
Mi amor inesperado	62
Esta soy yo	63
Canto al amor	64

La montaña de San Felipe	65
A mi hija	66
Universo	67
Amor, amor	69
En tu espera	70
Mi cama	71
Tu caminar	72
La libélula	73
En tu ser	74
Mi adiós a esta vida	75
Tú y mi reflejo	76
Como el Sol	77
La vida te ama	78
Te amaré, mi Dios	79
Mamá	80
Desde mi niñez	82
El cielo de mil colores	83
El pasado	84
La Luna y yo	85
Mi estrella	87
Mi vida	88

Navegando	89
El amor	90
Viene el amor	91
Desde el cielo	92
Tu aire, mi aire	93
Amor mío	94
Jennifer Sofía	95
Hoy, mi día	96
¿Amarme?	98
¿Por qué te amo?	99
El abrazo	101
Amor, ¿qué pretendes?	102
El beso	103
No te quiero lastimar	104
Las estrellas, la Luna y yo	105
El despertar	106
La distancia	107
Deseo tu amor	108
Cuando me mires	109
Cuatro paredes	110
Ámame u ódiame	111

Amor mío, me siento feliz	112
¿Me haces falta?	113
Misterio	114
Bella y yo	115
¿Tu cuerpo?	116
Mi amanecer	117
No es fácil	119
Mi rostro	120
Lloré por ti	121
Me amo y me acepto	122
La razón de mi existir	123
El Universo me creó	124
Mi sentir único	125
El canto de los pájaros	126
El amor viene y va	128
Mi amor secreto	129
Jony	130
David	131
Mi vida en silencio	132
Voltea a verme	133
Soñar contigo	134

Vivo por ti	135
Contemplo el cielo	136
Dios en mi ser	137
Tus ojos como estrellas	138
Te amo porque te amo	139
Todo lo que me pasa	140
Ver tu rostro	142
Amor mío	143
La música	144
Amor de juventud	145
El amanecer contigo	147
Mi ser te busca	148
Déjame ser	149
Cuando hablo con mi ser	150
No cuentes nada de mí	151
Me veo tan hermosa	152
Contemplo la vida	153
En mi existir con Dios	154
Israel	155
Desde que te vi	156
Mi inclino ante ti	157

El duende y yo	158
Mi despedida	160
Vamos a amarnos	161
Velando tu sueño	162
Nuestra cama	163
El secreto de la vida	164
Las prendas de mi mamá	165
Enamorada	166
Mi pueblo	167
Mi Tierra hermosa	168
Mi Dios, mi alegría	169
Alma	170
Sólo te digo	171
Drago	172
Dios de mi vida	173
El árbol	174
Mi madre y yo	175
La tarde	176
Mi soledad con Dios	177
Desde niña con mi Dios	178
Estrellas en mi alma	179

Te alabo, te alabo	180
El chocorol	181
Mi confianza en Dios	183
Luna, Luna	184
Amor a mí misma	185
Para mi Dios	186
El encuentro con mi Dios	187
Eva	188
Tía Yola	189
Tía Chelo	190
Rosa	191
Lulú	192
Amándote	193
Yo en ti	194
Todo es tuyo mi Dios	195
Soy una con Dios	196
Veo correr	197
Mi ser me dice	198
Gozando de tu sombra	199
Gracias, vida	200
En este andar	201

Me acepto	202
A mi madre	203
Buenos días, mi Dios	204
Sandalias doradas	205
Esperándote	206
¡Oh, Dios!	207
Tú y yo	208
Mi corazón	209
El horizonte	210
Mi amor por ti	211
Las nubes	212
Amo a la vida	213
Paz en mi corazón	214
Papá	215
Mis células	217
Como la Luna	218
De 17 a 18 años	219
La mejor versión de mí	220
Mi realidad	221
Te extraño	222
Desde mi ventana	223

Mi Totolapam querido	224
Anochecer en Totolapam	226
Refresco mi ser	227
Yeidi	228

Prólogo

Es más fácil buscar a Dios en momentos difíciles que en los favorables. Lo que me promueve la lectura de esa obra es una reacción diaria con Dios en los buenos momentos.

Simplemente confirmo que nuestra autora es una mujer que comienza su día dándole gracias a Dios por el inmenso placer de respirar, ver un ave volar, sentir el calor del Sol o el titiriteo de una noche invernal, disfrutar de un paseo por algún parque o simplemente estar frente a un ventilador que enfría sus pies durante una calurosa tarde, algo característico en nuestra querida ciudad de Oaxaca.

No se necesita estar en el ocaso de la vida para entender el sentido de la misma. El cúmulo de nuestros actos y decisiones a lo largo de nuestra madurez mental y física nos lanza por caminos impredecibles.

William P. Young: "Realmente creo que Dios es amor, uno de profundo afecto, gracia, perdón e inspiración".

Y es en la plenitud de una vida, como el caso de Marité Jarquín Díaz, la autora de estos pensamientos, poemas, experiencias, conocimiento y acercamiento con el mundo y con Dios, el resultado de una vida cimentada en las virtudes, habilidades y principios de una mujer que llegó a este plano físico en 1967, que nos adentramos en un viaje al fondo de su alma y su inmensa fe para conocer sin reparo a aquella jovencita de ojos radiantes que conocí en las aulas de la escuela durante su formación académica. La construcción mental de cómo se percibe a ella misma algunos años después es, para mí, un placer de leer y descubrir junto a estas líneas, que a continuación presentan la maravillosa perspectiva que ahora esta mujer tiene del amor propio, las personas amadas y el amor infinito que mueve el mundo: ¡el amor a Dios!

Que para usted, lector, ofrezca esta obra la misma conexión y acercamiento al alma de la autora, para así terminar con el resultado de un gran viaje al interior de uno mismo, ¡como lo fue para mí!

"Así que la fe viene por el oír, y el oír por la palabra de Dios" (Reina Valera, 1960, Romanos 10:17).

Profa. Rosa Elena Sánchez de Tagle Limón.

Oaxaca

Oaxaca de mis amores, te dejé con los brazos
abiertos para que, cuando regrese a ti,
me cobijes y me abraces como tú sabes hacerlo, sólo tú.
Sólo tú sabes dar amor con esos bailes
mágicos que nos deleitan,
con tus comidas tradicionales que degustamos
y esas calles que al pasearlas nos elevan el alma.
Y el sólo escuchar nuestro himno *(Dios
nunca muere)* fortalece nuestras vidas.
Te amo, Oaxaca, eres sin igual, eres extensa, grandiosa,
magnífica y bendecida. Mi Oaxaca, no te cambio por nada;
eres bella, única, mi alma radica aquí y ahora.
Oaxaca, me viste nacer, me viste crecer, me verás morir.
Oaxaca de ensueños, eres muy hermosa
y sólo das bienestar a todos.
En Oaxaca todas las personas son puro
corazón, un corazón dador.
Mi Oaxaca, quiero decirte que, cuando muera,
quiero morirme entre tus brazos
para que quede entre tus tierras,
entre tus raíces, y me reduzca entre tus árboles.
Tú eres el alma de nuestro país, eres el
mejor estado, eres la mejor canción.

Viva Oaxaca de mil colores.

Para ti, mi Dios

Mi Dios, yo, acá ante ti, quiero expresarte desde mi corazón, con todo mi amor, lo mucho que me amo y te amo. Sólo tú, mi Dios, eres el ser en el que más confío, porque tú vives en mi alma. Sólo tú sabes lo que me pasa

y sólo tú me darás una respuesta.

Dios, ¿cuánto más esperaré? Sólo quiero decirte ya no puedo más, y te diré algo: soy una persona fuerte, me hiciste fuerte, pero a veces siento que no puedo avanzar,

y siento que el aliento me falta. En eso me acuerdo de ti

y sé que estaré mejor por ti. Y me acuerdo de que tengo que cambiar mi forma de pensar

para estar contigo. Y deseo que voltees a verme,

que prestes atención un ratito, que me regales una sonrisa. Esa sonrisa va a alborotar mi alma y mi alma vivirá eternamente, porque pusiste mucha imaginación cuando me concebiste, me diste mucha luz, inteligencia, belleza, humildad.

Pero si tú crees que en el camino lo perdí, tú, mi Dios, te pido que me ayudes a recuperar todo

lo perdido, ya que tú, Dios, eres mágico y redentor; tú, mi Dios, eres muy especial en mi vida. Gracias por ser quien soy.

Perdón te pido, lleva mi perdón a todo aquel que haya hecho sentir mal por lo que hice, por lo que no hice y por lo que falta hacer.

Te agradezco. Tú eres la fuente divina. Te amo.

Yo en tí

Universo contigo en las
estrellas que iluminan mi alma.

Mi ser, yo contigo en el
camino en el sendero del bien.

Tú que alegras mi vida,

mi amor, contigo de la
mano vamos, mi Dios.

Vamos más allá del Sol, donde
cruzamos todo lo que se nos atraviesa;

desde ahí observamos
todas tus maravillas.

Me encanta y siento que vives
en mí y tu frescura en todo mi ser.

Veo cómo vuelo,
cómo me transformo.

En el cielo mis alas no dejan
de volar y esa luz del día le
da vida a mi alma.

Estoy en tu encuentro, en
mi realidad absoluta.

Mi Dios

Yo sólo vengo a vivir una
experiencia humana,

a dar todo lo mejor de mí.

Sé que no es fácil, sólo sé decirte gracias.

Al ser tu creación única y
especial, te siento en mí,

y así es más hermoso vivir esta vida.
Vivo este encuentro maravilloso:

el conocerte, el sentirte dentro de mí,

y sé que tu amor corre por mis venas,

donde se manifiesta en alegría,
salud y mucha paz.

Tú eres mi canto, tú eres mi vibrar,

tú eres mi base, tú eres mi entorno.

Yo soy tu creación divina.

Soy una con Dios

Gracias, Dios, por crearme
a tu imagen y semejanza, tú en mí.

Cuando me veo en un espejo, me reflejo en ti,

sólo veo dulzura, amor y paz. Soy toda tuya.

Mi alma te agradece la vida porque vida soy.

Y me realzas mi verdad, y mi verdad
es tu amor, y tu amor es la vida;

ese amor que callas a veces y se manifiesta
en los momentos más difíciles, ese amor
que vive en mis pensamientos.

Y los habla mi alma a través de mi ser.

Somos tú y yo una persona.

Soy una con Dios.

Te amo

Mis ojos contemplan el cielo.
Mi corazón con el Sol está.

Mis ojos con la Luna brillan.

Mis pies con las estrellas caminan,

caminan por un sendero luminoso.

Mis cabellos contemplan el aire.

Mis brazos abrazan las montañas.

Mis oídos escuchan el mar.
Mi vientre con la tierra está,

que es pura y fértil para la vida.

Mi cuerpo sobre las nubes disfruta
desde arriba el canto de los pájaros,

y mi alma reposa en los brazos de Dios.

Mis sueños se los entrego
a toda esta majestuosidad,

y Dios sólo observándome está, ja, ja, ja.

Paz en mi alma

Dios, gracias por esta respuesta tan pronta,

porque invades mi alma con tanta paz,

esa paz que tú sólo puedes dar.

Gracias por tu amor único y verdadero;

haces que irradie alegría, felicidad, amor.

Sé que me amas, gracias por darme mucha felicidad.

Y sé con firmeza que yo regalo esa
felicidad a los que están a mi alrededor,

así que desde hoy sólo sé regalar amor y paz
al mundo entero. Entre más paz y amor doy,

Dios más se manifiesta en mí.

Grande eres, mi Dios

Todas tus obras son maravillosas.
Cada vez que observo tu Sol,

tus estrellas, me quedo sorprendida.

Gracias por crearme y
hacerme una persona dichosa;

contigo hasta el final. Todo
en este Universo resplandece,

todo esto es como tú.

Sólo sé que te amo y
en este correr de los días

te reconozco más y más;
sólo tú puedes ser tan grande

para dar tanto amor, paz y gozo.

Cada vez que pienso en ti, mi corazón
se enaltece de tanto sentir amor.

Tú eres mi principio y fin.

Eres mi infinito, te amo.

Mi ser dice

Te amo con el alma, te amo con el corazón,

te amo con la riqueza que emana este
ser y en este encuentro soñador.

Soy del Sol, de la Luna, donde sé que radicas tú.

Pero lo más apreciado, lo más
querido, es que tú radicas en mí.

Mi sangre late en todo mi
cuerpo y mis células alegres están.

Contigo, mi fiel Dios, y en cada pensar estas tú.

Me doy cuenta de mi esencia y esa esencia eres tú,

mi fortaleza, mi verdad, y yo sólo
represento tu verdad en esta Tierra.

Me considero la bendición mejor creada.

Sólo tú pudiste crearme así, con tanto amor.

El perdón

El perdonar es un acto de humildad que a muchos se nos dificulta, sobre todo se nos complica perdonarnos. Dios nos perdona a cada instante, Él nos da su toque especial. Universo, deseo que lleves mi perdón a todos los que hice sentir mal.

Abrázalos y llévales esta luz que emano, porque hoy sólo irradio una luz brillante,

una luz de sanación tanto para mí como para mi semejante, esta luz fuerte y conmovedora.

Perdono y me perdono. Siento que revivo.

Dios en mí y esa luz es sólo perdón y amor.

El Universo y yo nos entendemos, nos amamos

y nos adentramos en uno mismo.

Pido perdón a todos. Me pido perdón a mí misma.

Me doy un abrazo fuerte
en señal de ese perdón recibido.

En este andar

Sólo tú, mi Dios, en este andar, me llevas y me traes

con este suspirar, viéndome y
preguntándome cuándo hallaré la paz,

y tú susurrándome al oído,
diciéndome acá estoy contigo.

Estoy en tu corazón fuerte, ahí
encontrarás ese amor cautivo.

Te amo y vivo en ti, y, en ese mirar que tienes,

despliegas esa gran ternura, amor que hay en ti.

Y así, con ese mirar, me emanas a mí.

Y yo sintiéndome tu gran dueño.

Me sonrió y me sostuvo de la mano.

Sólo sé que te amo.

Me acepto

Me amo tal cual soy, me perdono porque no sabía amarme.

Hoy en día me doy cuenta de cuánto
me amo; me acepto con los errores,

con todo este cuerpo hermoso y mi alma alegre está,

porque ahora amada me siento. Hoy ya sé poner límites.

Ahora me apapacho, me consiento, me doy mis tiempos,

hago lo que quiero a raíz de lo que sé que no quiero.

Soy fabulosa, yo soy auténtica, soy libre, me libero.

Vuelo, vuelo, vuelo sin parar. Amo a la vida,

amo a Dios. Corro, me alzo y me elevo. Me siento sobre la
Luna y desde ahí contemplo la vida, contemplo el amanecer,

donde admirando al Universo estoy.

Me rindo

Me rindo a la vida, me rindo ante ti, mi Dios.

Empiezo de nuevo, quiero empezar de cero.

Quiero que mis células borboteen otra vez,

con un cuerpo libre, libre de toxinas,

libre de negatividad, libre, libre, donde mi alma esté sana,

sonriendo a la vida y al amanecer con esta alegría

que va más allá del Sol.

Y la Luna me mira y me congela con su luz brillante.

Las estrellas me sonríen y me cuchichean
al oído: tú eres creación divina.

Y yo me quedo pensando: claro que sí.

Dios en mí, Dios en ti, sólo inclino mis rodillas

y le entrego todo este sentir, y yo me devuelvo la paz, mi amor

y vivo radiando felicidad.

Entre el cielo y la tierra

Hay una distancia muy grande entre el cielo y la tierra,

donde las bendiciones existen en cada uno de nosotros.

Estamos en nuestro espacio universal;

cada uno tiene su propio lugar, cada
uno se mueve según su vibrar y su sentir;

cada uno es su amor; cada ser con su soñar.

El cielo nos admira y la tierra nos goza con su vaivén,

que de repente nos reprende, y el cielo
nos tranquiliza con cada despertar de la tierra.

El cielo, con su magia, nos transmite la paz y la alegría,

y la tierra nos habla con mucha
enseñanza, paciencia y tranquilidad.

Mí luz

Por mi sangre recorre una luz plateada brillante

que ilumina cada órgano, ilumina todo mi ser.

Esta luz invade mi mente;
mi mente se regocija de alegría,

aceptando esta luz divina con
la que mi cuerpo se hace brillante.

Soy un ser de luz, expandiéndome en el amor,

manifestando salud, irradiando alegría, sonriendo.

Y todo aquel que pasa en mi pensamiento,

y todo aquel que pasa a mi lado, frente, atrás

o voltea a verme, le regalo mi amor
y me devuelve la sonrisa emitida.

Dios en mí.

Amanecer

Gracias vida por despertarme,
sentir los rayos del Sol en mi cara

y dejarme soñar por unos
instantes en la cama, mi amiga,

mi consejera que siempre me descansa.

Vida, mi animadora de esperanza,
me levantas con aliento y vigor.

Me siento con el alma viva y
risueña porque tú eres Dios,

mi Dios interno. Te amo, Dios.

Estoy buscándote en cada rincón de mi cuerpo,

de la casa, y sé que tú me estás
viendo, sonriendo. Buscándote estoy;

ya te logré ver. Y ya te vi.
Me cohibí, sentí el alma alborotada,

sentí un amor incalculable.

Sí, mi Dios, aquí estoy contigo de la mano,

buscando estos amaneceres
juntos. Y con este encuentro

me siento fusionada contigo.

La magia

Buscando la magia ando;
busco en revistas, libros,

en las personas y no encuentro
nada. Me pongo a llorar,

me pongo a pensar, me observo
y en ese momento reacciono.

La magia está mí, está dentro de mí;
la magia o el milagro lo realizo yo

con mi forma de pensar, de crear todo.

Lo capto, sólo tengo que ser más perceptivo

y ver cómo hago las cosas, cómo pienso,
cómo hablo y cómo siento. Observo cómo
vibro para que mi Dios me responda.

Lo primero es que tengo que estar
relajada, emanando amor, mucho amor.

En ese momento me digo: ya me perdoné,
he perdonado. Y me doy cuenta de que

la magia la tengo en mis manos,
en mi mente y en todo mi ser.

Dios y yo hacemos la magia,

hacemos la diferencia

para un bien mayor.

Gracias, mi Dios

Me siento abrigada por ti.

Confío en ti. La esperanza está en mis manos,

en mi mente, donde yo sé que te presentarás con una cálida mirada, diciéndome: ven acá. Y yo correré a tus brazos

porque tú eres Dios, mi creador. Dios en mí.

Yo te busco y te encuentro.

En estos momentos me encuentro muy tranquila porque sé

que me observas,

junto a tus ángeles, y vienen auxiliarme.

Te agradezco, Dios. Siento tu presencia en mi existir;

das un vuelco a mi vida, que sin ti yo no sé vivir.

¿De qué color ves el cielo?

Hoy veo el cielo de color rosa.
Desde hoy me percato de que todo es dulzura;

me lo imagino como un algodón de azúcar,

donde el dulce me viene encima. Lo saboreo, me deleita.

La gente reboza de felicidad, la amargura desaparece,

queda atrás. Todos contentos, no hay enfermos;

todo es paz. Eso pido: un cielo color rosa,

lo capto desde mi mente. Para el Universo,

mi pensar es mágico. Mi pensamiento lo pongo en mis manos,

le soplo y se eleva al cielo, y en ese instante veo el cielo color rosa.

Sería una dama encantadora, una chulada de diosa.

Mi hermoso Dios

Siento que te acaricia mi alma y toca tu gran ser. Siento que mi alma se resbala en todo tu ser. Cada mañana, cada día, tu amor me abraza.

Pones tu esencia en todo mi cuerpo.

Viendo tu mirada, con ese brillo espectacular

que reflejas, me realzas,
me realizas la fe, la esperanza.

Y mi alma toca el Universo, donde tú descansas

viendo el cielo azul y los rayos del Sol,

donde me dices: Todo está bien, sólo ten fe.

Yo te confieso que fe tengo,
sólo deseo que voltees a verme

y me digas: Hecho está; todo lo que sueñes,

hecho realidad es. Sólo sonríeme y, en ese decir,

una luz llega a mi mente. Dios me sonrió
y en ese instante todo se hizo realidad.

¿Cómo es mi alma?

Yo me imagino a mi alma como una bolita blanca,

plateada y brillante que reposa en mi corazón.

En ella viven todas las emociones gratas y no muy gratas.

Ella me induce a los pensamientos, pero yo

no sé escucharla. Ella me grita y yo sorda estoy.
Cuando me doy cuenta, veo soluciones a la vida,
y ella es la vida. La solución está en mis manos.

He aprendido a amarte, escucharte, sentirte y respetarte.

He empezado a ver mi interior, donde todo es hermoso.

Ahí radica la paz, el amor, donde habita Dios.
Pienso yo que la sangre representa al alma.

Ella viene a vivir una experiencia Humana.

Mi alma saluda a tu alma

Mi Dios, creador, tú eres dueño de todo y de todos.

Sólo quiero platicar contigo unas cuantas líneas.

Al parecer me siento muy tranquila.

Hay momentos en que me saltan las ideas

y preguntas, entonces me observas,
me observo, y me veo libre,

volando sobre el mar, las montañas
y alcanzando las estrellas;

desde niña las miraba con atención,

Disfrutaba ese brillo en la noche,
donde titila esa majestuosidad

y esa luz que alumbra mi ser.
Sé que mi energía las contagia;

es un placer sentirlas, estar con
ustedes y brillar en el firmamento

para todo el entorno. Me alegra
que la Luna me mire con ese cantar

que sólo ella puede hacer,
con ese brillar estelar que tiene.

No necesitamos linterna para caminar,

todos los caminos se llenan de una luz ejemplar.

Majestuosidad

Mi Dios, tú eres todo majestuoso.

Tú, mi Dios, todopoderoso, tú
nos has creado a imagen y semejanza.

Nosotros somos tus hijos consentidos,

sólo que muchos no lo creemos.

Lo más importante es que tú crees en nosotros,

y eso me da mucha paz.

Tú nos das toda Divinidad, pero tú, mi Dios,

que habitas en nosotros, os has
enseñado todas tus maravillas.

Te doy gracias por darme la vida y tu amor.

Tú te has manifestado en mí, dándome todo tu amor,

tu paz y tranquilidad. Soy tu reflejo.

Gracias, gracias, gracias.

Mí yo

Escucho el ruido de los autos que pasan por la calle

y Paquito el perico hace sus sonidos propios.

Mi mamá termina de comer, toma su agua,

y yo escribo sin detenerme,
sólo pienso en escribir a Dios,

porque así lo siente mi alma.
Mi alma tiene sed de sí misma;

me pregunta, me cuestiona y sólo le doy
la respuesta que mi Divinidad emana.

Mi alma satisfecha está. Mi
ser tiene sueño en este momento,

pero mi mente pendiente está de mi mamá,

que está caminando afuera,
y yo observándola desde acá.

Siento que me duermo, los ojos se
me cierran, pero estoy atenta en ella;

es el ser que amo más en la Tierra. Me
amo y amo a mi cama que me espera para

dormir en dicha y paz.
Sólo falta tomar un rico café y listo.

Reconozco a Dios

Reconozco que Dios me da la vida,
le da ese latir a mi corazón.

Mi corazón bombea esa sangre
sana que recorre todo mi cuerpo,

esa sangre con amor que va por mis venas.
Todas mis células se abren para captar su presencia.

Ellas viven a través de la sangre, y en la sangre está mi Dios,

latiendo, viviendo, corriendo. Yo estoy vibrando en su amor

para emanar esa alegría y contagiarla
a todo el entorno. Vivo en mí,

vivo libre, con mi Dios dentro de mí.

La vida

La vida es un placer. Desde que vivo, siento mi latir en este maravilloso ser. La vida es un verdadero milagro, sólo que hay encontrarle el punto y sentido, saber disfrutarla y encontrarle el punto a la desdicha.
Acostumbrados estamos a quejarnos a cada rato, en vez de pensar porqué nos pasan esas situaciones, ya que éstas vienen siendo experiencias o sabiduría. Ya queda en uno, como lo traduce, sólo hay que amarla, dejarse llevar, dejarse consentir por ella misma, dejarse fluir, no poner resistencia, quitar peros, juicios, quejas y envolverse con este placer de tener vida. Sólo déjate fluir como el río y sigue su cauce; no quieras cambiar de lugar al río.

Un atardecer

Sentada, viendo las palmeras, a mi lado está Firulais, el perro, viendo cómo escribo. Los grillos cantan y los pájaros emprenden el vuelo hacia sus nidos. El Sol se oculta y los demás perros ladran. Tenía a mí alrededor a toda una orquesta que al mismo tiempo contemplaba el panorama, dándole gracias a Dios por este día muy especial. Me sentí plena, muy a gusto conmigo misma. Disfruté a mi madre toda esa tarde; ella sentada bajo el tamarindo, saludando a sus conocidos; ella muy alegre disfrutaba su libertad, desprendía mucha paz y yo sólo contemplándola y amándola.

Recibo

Yo recibo el amor de Dios, recibo la vida, recibo el perdón.

Yo ……….. recibo la prosperidad, la salud, el dinero,

la espiritualidad, la inteligencia y la sabiduría

porque soy el hijo del creador, mi Dios,

y Él nos creó con abundancia infinita.
Dios nos concede todo lo que pidamos,

siempre y cuando vibremos en su sintonía

y sepamos perdonarnos y perdonar,
porque en ese momento actúa nuestro Dios.

Gracias, Dios, porque soy tu hija consentida.

Gracias por enseñarme a perdonarme porque,
en este momento, el recibimiento me viene de ti.

Yo soy el milagro divino; contigo hasta el infinito.

Amor oculto

El amor lo traigo oculto debajo de mi corazón.

Mi corazón se siente triste, callado y llora;

habla con mi alma, quiere sonreír, florecer
y mi alma me dice: ¿por qué me ocultas?

Saca esta amargura de nuestra vida.
Quiero vivir este presente

antes de que llegue el final de mis días;
quiero disfrutar lo hermoso que hay en mi ser.

Busca mi libertad. Salgo y busco la frescura del aire.

Me oxígeno y me libero.

Empiezo por analizarme, busco apoyo
y suelto prejuicios, resentimientos.

Gracias, vida, por darme esta
oportunidad de recibir lo mejor de Dios,

por darme la libertad de estar con este
amor en mi ser y dejarme vivir mi presente.

Dios es mi fuerza

Soy tan feliz en este momento que quiero cantarle a la vida.

Me veo tan bella,

tan sensual, guapa y sana en este sentir; me causa amor,

un amor de paz en mi alma. Soy una soñadora,

veo a mi Universo, que está impregnado
conmigo en un despertar con Dios cada mañana.

En cada amanecer me abraza,
nos amamos y nos miramos el alma;

emprendemos un vuelo a la majestuosidad,

donde las montañas cantan y nosotros miramos el alba.

Las nubes nos contemplan y aplauden nuestro disfrutar.

Más allá del Sol

Me siento con mucha fe,
con una tranquilidad inmensa,

mucha sabiduría e inteligencia.
Mis alas emprenden un vuelo

más allá del Sol. Las nubes
quedan abajo, el aire deja de soplar,

mi risa me indica que vamos
subiendo. Ahí voy con sólo mi ser,

observando a todos menos a mí misma,

sólo sintiendo los rayos del Sol,
ese Sol que sale todos los días,

que empodera mi esencia.

Voy esperando a pasar por él,
donde el equilibrio me espera,

para poder acentuarme en él.
El Sol me enamora, me encanta

y yo entusiasmada de estar en sus rayos.
Me regala su brillo y desea que me quede con él,

pero yo voy más allá del Sol,
en busca de mi espiritualidad.

Te agradezco, mi Sol, que me abras tus rayos.

Contemplándote, madre

Contemplando la vida
de mi madre, viendo su respirar,

escuchando sus quejidos,
donde ella agotada está,

veo que la vida le pide paciencia.
¿Paciencia?, ¿de dónde la puede sacar?

Sus fuerzas agotadas están

Y yo sólo la contemplo, pidiendo
a Dios que la restablezca

con este mirar, con mi corazón.

Mi madre postrada en la cama está.
A ella, mi bendición,

Dios la observa con dulzura.
Ella entrega toda su paz

y cierra sus ojos. Dormida se ve.
Dios sólo la toca y su magia hecha es.

Soñando y recorriendo los caminos
de Dios, tiene un amor por esta vida,

por eso en su luchar va en este andar con tropiezos,

pero librando la vida va.
Ella logra salir, venciendo el dolor.

Su aliento es mi aliento. Doy gracias a la vida,
gracias a mi Dios.

El otoño

Cuando veo caer las hojas, y forman una bella alfombra,

unas corren, otras no. El aire las pone en competencia

para verlas correr sin igual, y
todas van por el camino de la tranquilidad.

Son de muchos colores, los cuales
se disfrutan al estar en los árboles o en el piso.

Son todas unas majestuosidades.
Los árboles chiflan con el viento,

las ramas sienten el desprendimiento; anuncian el otoño,

se quedan sin cubrimiento.
Miran hacia el cielo y hacia el suelo.

Ahora sus raíces quedan cubiertas por muchas hojas;

ahora desnudos están, viendo pasar el tiempo,

con este frío que empieza.

A esperar que llegue la primavera
para poder enverdecerse otra vez.

A mí ser

Mi amor, espera, tengo la paciencia de saberme mía.

Y, cuando el Universo te ponga en mi camino, de la mano recorreremos el sendero del amor, sabiéndome tuya.

Construiremos el motivo en una canción

con tu latido y con ese mirar; despertaremos
ese amor que cautivará a mi alma.

Mi latir, del cuerpo consentido, viendo fluir la sangre por mis venas, sentirá lo caliente que atraviesa de extremo a extremo. Yo soy alma, vida y corazón, con un solo sentido: el de amar a Dios

con todo lo que vivo, lo que expreso.
Estoy contigo en este sueño más profundo,

susurrándote al oído mi canto de amor.

Colores del cielo

Si el cielo fuera color lila, las lavandas aromatizarían todo este Universo. Si el cielo fuera blanco, nosotros viviríamos entre las nubes.

Si el cielo fuera verde agua, contemplaríamos un mar y lo miraríamos de arriba hacia abajo. Si el cielo fuera amarillo, el canto de los pájaros anunciaría nuestra alegría constante. Si el cielo fuera rojo, nuestra sangre fluiría con más amor en nuestras venas y nos amaríamos más.

Si el cielo fuera rosa, estaríamos en un algodón de azúcar, enamorando a todos. Si el cielo fuera negro, todos seríamos elegantes y tomaríamos la vida más en serio. Lo único que sé es que tenemos un cielo que nos pinta de muchos colores y nosotros seguimos siendo los mismos, con defectos y virtudes.

Dios siente los pensares de cada uno y Él está viéndonos y sonriendo; nos ve y moviendo su cabeza está. Ustedes cambiarán cuando aprendan a amarse.

Mi amor inesperado

Viene hacia mí la persona amada.

Yo sólo me dejo consentir, captando todo lo que propongo. Yo soy el ser más alegre, más amado, en esta Tierra. Con este amor en mi ser, yo contigo en este cantar de dulces voces, recorro los caminos con los vientos frescos, con el Sol alumbrándonos en el pasar de mi destino. Soy yo una mujer con los pies en la tierra, observando las estrellas y la Luna, iluminándome todo mi cuerpo, todo mi ser hermoso y sano. En este ser mío canto al cielo, le canto al amor, le canto a Dios.

Esta soy yo

Yo soy como el agua: tranquila
y tan grande como el mar azul.

Yo soy como la tierra:
cálida, fértil, hermosa y soñadora.

Yo soy como el viento: fresco y con un aroma a
lavanda que traspasa todas las adversidades.

Yo soy como el cielo: libre, encantadora,
extensa y muy feliz, con ese color azul

que refresca a mi alma.

Yo soy como la Luna:
brillante, transparente, maga y loca como ninguna.

Con un espíritu de amar, yo soy como
la montaña con cimientos muy firmes.

Yo soy como el fuego: con fuerza y
pasión para lograr todo con amor y paz.

Yo soy como las estrellas: me gusta la luz que me
regalan y esa es la que emano a mi entorno.

Dios me regala más amor
y regalo amor. Hoy hablo a mi alma.

Canto al amor

Parada en el marco de la puerta estoy,

buscando al amor. Y parada ahí,

cuando siento al amor pasar, inhalo el amor.

Entra en mí. El amor me mira, el amor me observa,

el amor me busca y el amor me encuentra.

Soy feliz, feliz, feliz, con este amor que me llena,

este amor que me realza y me eleva a la esperanza.

La esperanza me fortalece, me fortalece el alma.

Cuando el amor me encuentra, me
siento especial danzando entre las nubes.

El cielo me contempla y el amor me toma entre sus manos

y me guía al Universo que ama.
Me siento realizada, encantada y muy amada.

La montaña de San Felipe

Te observo cada mañana, en cada despertar.

Cuando sale el Sol veo que siempre estás firme,

con tus árboles a tu disposición.

Tus árboles platican entre sí, hablando de
ese amor que emanas. Y tú sin qué decir,

sólo escuchando que hablan de ti. Eres una montaña
fuerte, como ninguna, con aves y caminos, con muchos
cimientos de agua dulce para darnos a nosotros.

Es tu forma de amar.

Calmas nuestra sed para estar vivos.

Montaña hermosa que nos cubres
de los aires fuertes sin cesar, das la vida por nosotros

y nosotros sin poder dar nada, sólo damos malestar.

Te quiero decir, montaña, que, cada
vez que te veo, te admiro y te respeto más y más.

Eres para mí una montaña de oro que me hace mucho
pensar. Sé que todas las mañanas me enamoras más y más,

porque cuando te veo, me veo en tu altar,

sonriéndonos en cada pasar.

A mi hija

Sólo tu alma me acompaña.

Sólo tu recuerdo en mi mente.

Sólo tu esencia en mi ser.

Sólo tu sonrisa en mi latir.

Sólo tu mirar en mi presencia.

Sólo mis caricias en tu cuerpo.

Sólo tú con esa risa encantadora.

Sólo tú, mi nena consentida.

Sólo tú con nuestro Dios eterno.

Convivimos las dos; Él te envió conmigo para disfrutarte y dar gozo a esta vida. Le doy gracias al Universo por tanta sabiduría adquirida a través de ti.

Eres un alma muy especial en mi existir. Termino diciéndote que te amo y te amaré.

Universo

Eres lo que veo, eres mi infinito, eres lo que siento.

Tú y yo recorremos todo esto en un instante,

llevándome a la pradera sin parar.

El sólo ver las distancias que limitan este camino,

el saberme que estoy en tu órbita, es genial para mí.

Tú me enseñas y me das los medios para desarrollarme

y estar en tus canales de vibración de amor.

Tú eres mi Dios del amor, contigo hasta el final.

Gracias por sostenerme con tus manos

y gracias por bendecirme desde mi creación.

Gracias por darme a conocer la libertad

y estar libre de las emociones negativas. Te amo, mi Dios.

Amor, amor

El amanecer nos abre los ojos, el mar nos brinda el amor.

Yo bajo de las estrellas con
una luz radiante para iluminar los caminos;

yo te ofrezco la Luna para que brille en tu mirar;

te regalo al Sol para que su calor caliente tu alma.

Yo sólo pido que abraces a la
Tierra para que tengas un excelente hogar;

eso sería la señal de que estás en equilibrio contigo mismo.

Las montañas nos observan, que paseando andamos.

Contigo voy disfrutando este ferviente amor.

Así danzaremos en esta vida, disfrutando a Dios.

En tu espera

Estoy en espera de tu respuesta.

Enamorada de ti estoy y, a la vez,
siento una admiración hacia tu ser.

Resulta que la espera es incierta y me doy cuenta de que,

sin tu amor, yo soy feliz.

Viendo el atardecer estoy y observo a las personas:

van corriendo con prisas, tropezándose,

tratando de hacer sus comienzos.

Me asombro de mí misma porque
ya no actúo en ese mismo canal;

me doy mi tiempo, mi espacio y veo cómo fluyo en el amor

hacia la vida, hacia Dios. Este Dios que habita en mí

me da la certeza, la seguridad, la constancia, de estar bien

con este cuerpo hermoso, maravilloso. Mi alma

se regocija en este palpitar de mi corazón.

Abrazo a la vida, abrazo al amor,

y Dios sólo me regala el abrazo
más fuerte que yo haya sentido.

Mi cama

Yo con mi consejera estoy.

Ella es la que me entiende y
me da la bienvenida todas las noches.

En ella llego a descansar, me contempla, me cobija.
Ella sabe mis secretos, mis alegrías y las dolencias

que de repente dan.

Camita hermosa, te agradezco porque
siempre me esperas sin saber cómo voy a llegar,

si de buen humor o de mal genio,
pero tú siempre, con tu calidez y dulzura,

me calientas, me cubres con tu calor y me brindas
tu soporte para darme lo mejor. Cada noche me
sorprendes; te siento tan rica conmigo.

Te doy las gracias por estar aquí conmigo.

Tu caminar

Te veo venir caminando, sonriendo, con un mirar único,
moviendo tu cuerpo, dirigiéndote a mí,
con un cantar entre los labios y yo sintiendo tu respirar,
ya que tu aire es mi aire.
Los dos contemplándonos al recorrer las calles
observamos lo mismo: vemos que
las personas pasan al frente de nosotros,
sonriendo, viviendo, gozando esta vida.
Tú sólo déjate consentir, déjate llevar al amor;
permíteme el enseñarte a amar. Te hablo al oído,
te susurro te amo, volteas a verme
y me devuelves un dulce beso.
Yo me sonrojo, estremeces a
mi alma y me haces cautiva de tu amor.

La libélula

Vuelo como la libélula,

con mis alas transparentes y
largas; significan mucho para mí,

pues veo a mi alma muy
transparente, con mucha paz y felicidad.

Con una libertad plena, me identifico
con ella, con esta madurez mental,

con ese carácter profundo que eso me refleja;

simboliza el cambio en todo mi ser.
Me veo volar en las orillas del río,

complaciéndome con el canto del agua,

admirando la calma con mis
sentidos. Soy de muchos colores,

así me reflejo en el río, sonriendo
a la naturaleza por mil amores.

Veo sonrojarme, cuando me siento
observada, por ser como la libélula amada.

Yo soy la paz en esta Tierra, bendecida y respetada.

Te amo, libélula. Eres mi guía, mi canto para
el amor, ese amor que me inspira para mi liberación.

Vuelas por todos lados llevando el amor de Dios.

En tu ser

Quiero ser ese ser que te brinda la ternura,

que te haga sentir amor, que al mirarte te sorprenda mi mirada,

porque sólo reflejo amor. Tú en mi mente, en mis pensamientos,

disfrutando de tus encantos y maravillas. Yo sólo puedo brindarte

amor y paz, tú, en cambio, me das todo lo mejor de tu corazón.

En el momento justo sé que te amo y doy todo por ti.

Eres bello, muy especial y sólo vives en mi latir,

y sólo tú, mi Dios, puedes cautivarme tanto.
Trato de hacer lo mismo.

Eres mi infinito y mi más allá.

Mi adiós a esta vida

Si me voy a descansar, quiero irme con la idea de

Que voy a transcender a otra dimensión. Voy a estar muy bien.

Estaré muy alegre, con gozo, en el
lugar perfecto, que es la fuente divina.

Yo sé que la tristeza estará presente en sus primeros días.

En este plano estarán tristes, tal vez inconsolables, pero

es cuestión de tiempo, y tenemos que darle tiempo al tiempo.

Todo regresará a la calma, al ritmo de una
vida llevadera. Cuando quieras hablarme,

sal y busca la estrella más grande; ahí
estaré para enlazarte con mi brillo,

sólo es cuestión de enfocar la situación.

Recuerden lo mejor de mi vida y vivan esa experiencia.

La muerte no es cuestión de otro mundo.

Desde que nacemos, sabemos que traemos comprada la muerte.

Estén tranquilos, que mi alma estará en paz.

Sean fuertes y tengan mucha fe en sí mismos,

que al final ahí nos reuniremos algún día. Los amo.

Tú y mi reflejo

Reflejándome en mi espejo, mi vida se alborota,

y mi reflejo pregunta: ¿Qué ves en mí?

Veo que te quedas pensativa.

Me miró fijamente y me observo. Hablo con mi alma

y espero su respuesta. Con calma me
contesta a través de mi pensamiento:

Eres una persona amada, una persona alegre,

sólo define qué deseas, vive y, si al
reflejarte vieras tristeza en tu corazón,

saca todo. Es el momento de llorar.

Desahógate, llora, grita, para que puedas reiniciar tu vida.

Manifiesto ese sentir y me acerco al espejo otra vez;

me refleja la fuerza, el amor y autoestima que traigo.

Sonrío, disfruto de mi rostro, mi cabello, mis pies, mi cuerpo. Mi alma me dice: Ven para acá. Me abraza, me toca el corazón,

mi pecho y dice: Goza a Dios, Dios está en ti.

Como el Sol

Yo soy como el Sol: caliento
mi hogar, mis hijos y mi entorno.

Vivo en ese andar de la vida, tratando de vivir,

con la esperanza, con la humildad.
Sólo trato de vivir mi presente

respetando las ideas, realzando
mi autoestima, teniéndola a mi lado.

Yo soy esa persona única y especial que creó Dios.

El Sol me ilumina mi camino, me refleja amor,

desde el amor, para mí, para todos;
unos lo toman, otros lo dan a lo incierto.

Yo me fortalezco en el amor, en el amor de Dios,

y ese amor me da paz, plenitud.
Yo soy esa luz que emano al Universo entero.

La vida te ama

Muchos pensamos que la vida no nos ama.

La vida nos ama, claro. Uno es el que no se ama,

el que no se valora. Hablamos y sentimos desde nuestro percibir.

Te invito a hacer una conciencia de nuestras vidas

y así preguntarnos: ¿qué estamos haciendo para recibir esto?

Hacer una reflexión, tratar de hacer cambios propios…

La vida nos da muchas oportunidades, y yo siempre buscando milagros. Reflexiono, me he perdonado y, cuando lo hago,

los milagros están, ¡los hago yo!

Déjate llevar de la mano de Dios, que Él sólo quiere tu bien.

Me dirás: ¿Cómo lo hago? Sólo date la oportunidad de amarte,

poner límites, decir sí, saber cómo decir no y

saber qué es lo que deseas, pero por delante, Dios.

Te amaré, mi Dios

Con estos rayos de Sol que caen en mí, te amaré, mi Dios.

Con tus nubes en lo alto que brillan, se mueven

y se ven como algodones de azúcar, te amaré, mi Dios.

Con ese aire que se manifiesta día con día y
trasciende en los campos en todo nuestro Universo,

y que se traduce en oxígeno para nosotros, te amaré, mi Dios.

Con esas aguas cristalinas que
sacian nuestra sed, te amaré, mi Dios.

Con esas montañas impresionantes que nos cantan cada
mañana, te amaré, mi Dios. Con esta Tierra que nos das, que
nos da fertilidad, soporte y la vida, te amaré, mi Dios.

Por habernos creado en esta vida, con mucho amor,

te amaré, mi Dios.

Gracias por brindarnos lo mejor de ti.

Mamá

Eres el amor de mi vida, nadie como tú en mi existencia.

Eres mi ángel en esta vida y quiero que sepas que te amo.

Tú, mi madre, diste todo por nosotros;

viviste para nosotros con pasión y, muy justa,

para darnos el amor de Dios, la verdad y la cordura.

Como tú ninguna, y te quiero dar gracias por permitirme la vida,

por permitirme ser grande, por permitirme ser libre,

permitir que tu alma viva en mi alma

y que tu sangre sea mi sangre.

Madre, eres como el Sol, nos alumbras a mí y a mis hermanos,

alumbras a todas las personas que están cerca de ti.

Eres mi mamá, todo un ser especial,

con una sabiduría grande junto con una inteligencia bendita.

Te quiero decir: mamá, bendita eres.

Desde mi niñez

Desde niña vengo cantando al amor;

desde niña vengo sonriendo de la mano de mis hermanos,

vengo gozando el campo, las flores del río.

Yo, en busca de mi libertad, encuentro tropiezos de la vida misma,

pero logro saltar esos momentos, logro visualizar el futuro.

Y a temprana edad supe qué es lo
quiero, pero en el camino me perdí.

Me di cuenta, reaccioné y me incorporé
para tomar la ruta idónea del destino,

que me lleva a mi libertad soñada. Vivo para este amanecer, que es mi Dios en mí, este amanecer que me da los motivos de existir y que abarca toda mi plenitud.

Todo con amor para el amor, que es Dios.

El cielo de mil colores

El cielo destella en mil colores por la mañana azul tenue.

Destellan mis ojos al ver el cielo azul,
me observo y me lleva a la cúspide,

donde todos podemos entrar a gozar de ese cantar, y bailar,

para deleitarnos en nuestro vibrar.
Me siento cielo, me siento amor,

me siento viva, me siento libre,
me siento única; lo siento, lo vivo, lo reflejo

en ese vibrar de amor, con esta divinidad.

Por las tardes lo percibo con unas
nubes doradas que me cobijan con paz,

y así mi cielo va cambiando de matices,
donde sólo radica la majestuosidad,

la divinidad. Yo aprendí a no regalar
mi paz, mi amor, y mi paz es sólo de Dios.

El pasado

Mi vida está estancada y mi ser reclama mi libertad.

Yo empiezo a reflexionar; estoy en
esos primeros pasos de avanzar.

Sólo Dios me da la fuerza, la esperanza.
El ego no me quiere soltar

y no me deja seguir mi camino,
pero el amor de Dios es más fuerte

y me arranca de esa emoción,
y yo sobresalgo, me siento plena,

alegre y libre. Manifiesto la paz.
Me siento volar por el cielo, vuelo alto.

Veo a todos desde arriba; siento una felicidad.

Quisiera que todos estuvieran así como yo.

El Sol me ilumina y abarca toda mi alma,
todo mi ser, todo mi centro.

La Luna y yo

Tomando un café, la Luna me observaba con ese brillo único.

Me invita a pasar con ella, estira su brazo y me lleva allá.

Nos encontramos, me ofrece un vino rico, suave, dulce,

y yo sólo me dejo llevar. Nos ponemos a platicar

de momentos idóneos donde nadie nos puede callar.

Hablamos del amor; me dice
sonrojada que enamorada del Sol está.

Y yo le contesto: ¿por qué no se lo dices? Ella deslumbrada está,

me dice que lo va a hacer, que gracias por animarla.

Y en ese momento enamorando al Sol está. El Sol sonriendo
acepta y dice: Eres mi amor desde el principio y hasta el final,

Luna de mis amores, mi Luna iluminada.

Manifestando una felicidad va.

Mi estrella

Eres la estrella más grande de este firmamento,

tú que llevas mi nombre
y que significas estrella dorada.

Cada noche que te veo,
me reflejo en ti, y pongo una escalera de cristal

para subir, poder alcanzarte y hablar contigo. Tú me abrazas, me guardas en tu encanto, me cobijas con tu luz

y me transformo en una estrella más;
desde ahí observo y ahí estoy.

Salimos a navegar por tu cielo,
vemos los senderos de Dios

y los guiamos al camino del bien.
Salimos a dar toda nuestra luz

y radiamos ese brillo que tienen
en su ser; vivan con esta luz.

Desde el cielo les envío mi luz brillante. Benditos sean.

Mi vida

Mi vida es un juego, un soñar más,
así me siento. Lo disfruto y me hago feliz.

Sé que el amarte me hace mucho bien,
lo siento así. Yo me elevo al cielo,

te elevo al más allá y te aplaudo
cuando te veo muy fresco.

Muy fresco vienes a mí, bailando
con tus brazos extendidos,

y me tomas de mis manos y bailamos al
ritmo de la música. Me ves, me sonríes, al
igual que yo, y me dices al oído

que me amas. Sólo me dejo llevar.

Sé que estás acá conmigo, sé
que me gusta soñar acá contigo.

Mi Dios, sólo tú entras así en mi vida.

Navegando

Mi amor y yo navegando vamos por el mar.

Estamos disfrutando el horizonte, el cielo, las nubes

y le pido un beso para sentir de nuevo su amor.

Me toma de la mano y me dice: Ven acá,

vamos a observar el infinito. Me sentí única y especial.

Vamos a disfrutarnos. Siento la brisa en todo mi cuerpo,

huelo el olor del mar, enloquezco de amor, su viento me eleva,

yo soñada con él. Me creo que es algo único y verdadero.

La sal penetra en mi cuerpo y yo reacciono con una alegría.

Te abrazo y nos juramos amor eterno;
el mar que es nuestro único testigo.

Sólo contigo, mi Universo hermoso.

El amor

El amor puro y verdadero viene de Dios y

se manifiesta en todo tu ser.
Deja que se expanda, que viva la alegría

de gratitud, de ayuda, con amor,
de perdonarme, porque cuando yo me perdono,

automáticamente, perdono a todos.
Hay veces que buscamos milagros…

y el milagro soy yo, sólo eres el reflejo de Dios.

Manifiéstate tal cuál eres, sólo recuerda tu verdad.
La verdad es Dios y tú estás con Dios.
Me pregunto: ¿Deseo el milagro?

Deseamos todo lo bueno, pero sólo quitando
las piedras de tropiezo. Perdonarme y listo
está. Entrar a la conciencia

y vivir en la verdad. Y la verdad es Dios.

Viene el amor

Vamos a encontrarnos para ver lo de nuestro amor,

sólo es cuestión de querer, porque el amor sólo es empezar.

Amo tu locura, tu sonrisa; en sólo unas palabras: me gustas tú.

Admiro tu cuerpo, tu caminar y veo que vienes a mí.

No lo pienses, no cuestiones, sólo déjate llevar,

porque en el amor es sólo empezar. Inhala, exhala y déjate llevar.

No mires atrás, ven, ven, aquí esperándote estoy,

sólo impúlsate a venir. En lo que tú vienes, estaré observando las estrellas para poderme relajar.

En lo que decides, acá la paciencia estará.

Desde el cielo

El cielo me regala una estrella, la coloco en mi corazón.

Mi vida cobra sentido, recobra todo su amor.

La estrella me entrega su luz y yo la llevo al caminar,

al pensar, en mi actuar; irradio esa alegría,

sintiendo esa paz. Me dejo llevar por el
tiempo, pienso que nadie lo detiene.

Estoy totalmente iluminada, emanando sólo felicidad.

Me preguntan cómo lo hice y yo sólo contesto:

Sólo permito y me dejo amar por Dios y su divinidad.

Me permito navegar con nuestro Creador

y no poner peros ni mis condiciones, yo sólo me suelto,

confiando en el Universo, y libre soy con él.

Tu aire, mi aire

Respiramos el mismo aire.

Observamos y contemplamos las
maravillas de Dios al recorrer la calle;

vemos que la gente pasa sonriendo,
viviendo, gozando de esta vida,

y tú pensando en irte de viaje sólo
por el hecho de no saber amarme.

Y no quieres escuchar, yo sólo digo
a tu oído que yo te puedo enseñar.

Buscas las soluciones y te gusta aferrarte al pasado,

y yo insisto que el pasado no sirve,
que sólo busquemos el presente.

Y en este momento tu presente soy yo.

Vivamos, pues, en alegría, con gozo en el corazón,

que esta vida se va en un instante. Yo sé que
me amo, y este amor puede hacer milagros,

pero aprendo a respetar tu decisión. Ve con Dios.

Amor mío

Tengo la certeza de haberte encontrado,

sólo yo lo sé, en este sentir que traigo dentro de mí.

Desde que te vi por primera vez,
me veo, y mi olor en especial me atrae,

me gusta, y veo mis mensajes. Soy mi inspiración

para que este corazón loco palpite por mí.
Me da mucha alegría saberme amada,

es una delicia para mi alma y mi corazón.

Miro mi rostro, mi ser perfecto, mi parar, mi caminar,

mi ideal, me siento plena,
ya que estoy muy enamorada de mí.

Sólo tengo la certeza de que,
si me amo, podré amar más, con más amor,

porque amarnos nos hace bien a todos.

Jennifer Sofía

Hace 24 años, Dios me mandó un ángel
para convivir con nosotros. Eras una niña única y especial.
El dolor lo traducías en sonrisa, tus caricias
confortaban el alma y tu reposo lo contagiabas en calma.
Tu existir era maravilloso. Tú, mi Jenny hermosa,
viviste con nosotros 12 años.
El cielo te reclamaba y yo me encontraba en un dilema:
entregarte o sostenerte, pero mi amor es más grande, así
que decidí regresarte al cielo, en donde te reclamaban,
regresarte a donde pertenecías, con Dios.
Sólo cerré mis ojos, te elevé al cielo y te vi volar.
Los ángeles aplaudían tu entrada
y vi que llegaste al más allá; era lo mejor para ti,
lo mejor para mí, lo mejor para Dios.
Te amo y te extraño; un abrazo
fuerte. Algún día nos encontraremos.

Hoy, mi día

Hoy es mi día, hoy me dejo consentir

por el Universo. Sólo me suelto, sólo con mi respirar

y mi alegría andante, sólo quiero
manifestar mi dulzura al entorno,

donde Dios me observa y sonríe conmigo.

Me lleva al infinito,
me plática y yo sólo lo escucho.

Cuando me doy cuenta, reacciono.
Estoy en lo más alto,

entre las nubes; vamos recorriendo
los caminos que me llevan a la paz,

al amor. Sólo Dios es mi amor divino, es mi paz.

¿Amarme?

Dices amarme, dices que cautivé tu corazón,

pero yo no veo tu sentir en el mío,

sólo siento que rompes mi sentir, mi corazón.

Mi alma calla y me observa, me
contempla, me mira y me pregunta:

¿Dónde está ese amor conmovedor que nos ilusionó?,

¿dónde quedó ese amor plasmado que dijeron tener a ti?

Sólo se ve el abandono hacia nuestro ser.

Sólo sé que mi existir está en calma
y me entra el ánimo a mi ser.

Mi corazón vuelve a latir, dándole vida
a mi ser. Yo lo traduzco en paz, en alegría,

ya que sólo soy de Dios.
Me amo y te amo. El amor es mi libertad.

¿Por qué te amo?

Cuando te vi por primera vez, me regresé a verte
para cerciorarme de que fueras tú.

Regresé y me cautivaste;
te me perdiste y te volví a encontrar.

Yo en lo personal no me
hago ilusiones, pero esta vez
creo que me fallé, pero estoy
acá para restaurarme
este sentir. Te vi inalcanzable,

como cuando uno mira una estrella
en el firmamento, pero me dije:

Las estrellas nos regalan su
luz inigualable, destilan amor y paz,
nos envuelven en su magia, en su cantar.

Y tú, amor mío, emanas fuerza, misterio, eres
auténtico, sólo te faltaría sonreír a la vida
para ser el hombre perfecto.
Tal vez no seas para mí,
pero me encanta cómo eres.
Mi alma me cuestiona,
me dice: Fluye con el día,

fluye con Dios. Tu amor es más grande,
avanza, déjalo reposar en su existir,
sólo vive tu presente. No añores nada.
Te doy gracias por existir en mi vida.

Lo siento, perdóname, te amo, gracias.

El abrazo

Cuando me abraces, dame ese abrazo fuerte con mucho amor;

que me encienda la alegría, que me cautive el alma,

que sienta que mi sangre se enciende como el fuego,

que mis entrañas clamen más amor. Me siento afortunada

por ese abrazo de tu alma a mi alma;
que tu fuerza se integre a mi ser

y yo pueda tenerte, disfrutarte, en la verdad de tu amor,

porque el abrazo cura, el abrazo
sana y tu amor me realza a la vida;

me realza a la inspiración, a seguir
adelante con este vivir para Dios.

Yo te abrazo y tú me abrazas, al final nos convertimos

en un mismo sentir, el amor,

en una sola alma, por eso yo te regalo un abrazo fuerte.

Deseo volver a verte,

deseo con el alma volver a verte para
darte mi presente: un abrazo fuerte.

Amor, ¿qué pretendes?

¿Cómo pretendes que te olvide

si tú me enseñaste a amarte a tu manera?

Siempre estás en mi corazón, ahí dejaste reposar tu alma;

ahora la quieres sacar.

Dónde estés, ahí estaré acompañándote en todo lugar.

No lo puedo olvidar.

Así te vayas al fin del mundo, mi alma te encontrará.

Sólo te pido que te dejes amar en este silencio

y paz. Shhhhh, no digas nada, sólo déjate mimar.

Esto, desde mi alma a tu alma, no perjudica a nadie.

Así como nos amamos, déjate amar en este silencio.

El beso

Hay besos que se dan con la mirada;

hay besos que se dan con la distancia;
hay besos que se dan con el alma.

Hay veces que me quedo con las ganas de robarte un beso y

hay veces que me asfixias con tus besos,
que quebrantas mi garganta.

Quiero morir en uno de tus besos,
sentirme tuya cara a cara,

sentir esos labios frescos con los
míos y fundir ese beso de amor

para quedar callados. Nos veríamos

más bonitos los dos, tú y yo,
en un solo cuerpo de amor.

Te beso desde mi alma y te elevo
al cielo, hasta el infinito, donde ya no
quiero bajar para disfrutar de este amor,

que sólo se puede dar así, estando enamorados.

El beso de pasión, el beso de locura, el beso de amor…

¿y cuáles besos más?

No te quiero lastimar

Quiero decirte que te amo, quiero decirte que te extraño.

Lo siento, no tengo ese mismo sentir,

pero me amo más yo, amo mi libertad. Me duele decírtelo.

No quiero que sufras por mí, yo sé
que es amor y no quiero lastimar a nadie,

y mucho menos por amor. Mejor regálame esa admiración

que sientes por mí para que la transformes
como una enseñanza que tienes en la vida contigo.

Disfrútate, gózate, cuando tú quieras
que esté contigo, sólo piensa que sí se puede,

pero, como amigos, yo soy una amiga que se ama.

Sólo así estaré en tu presente, que ese sea nuestro secreto.

Ese amor que sientes por mí, ese amor llena a mi alma,

pero le falta llenar a todo mi ser.
Cuando estés listo intentaremos platicar,

y cuando piense en ti dejarás una sonrisa en mis labios.

Las estrellas, la Luna y yo

Observo las estrellas y la Luna; me llaman a que entre en ellas,

donde me contagiarán su dulzura, amor y paz.

Me veo en ellas por vez primera, las estrellas me sonríen

y la Luna, con su mirada, me dice: Ven acá. Yo, toda sonrojada,

me dejo llevar a sus brazos.

Me sienta en sus cuernos, empieza
a moverse y nos mecemos sin cesar.

Las estrellas, sonriéndome, me aplauden sin parar;

ven en mí la niña que siempre soñaron,

una niña risueña y feliz que por nombre le pusieron Esther,

que significa estrella dorada. La Luna se mece más y más,

y, jugando, la Luna me avienta hacia
las estrellas. Una de ellas me toma

y empiezan a jugar conmigo. La Luna me retoma y Dios,

en su sigilo, viéndome, sonríe, mueve su cabeza,

me atrae para contemplarme y me dice:
Tú eres creación mía, mereces mucha paz.

El despertar

Estoy en el lugar perfecto, donde los colores son mágicos

y las palabras un deleite para mis oídos.
Las nubes brillan y el cielo tiene su azul inmenso.

Todo esto a mí alrededor, donde yo soy la princesa,

sentada en el columpio, saboreando un algodón de azúcar,

pensando en dónde estará mi príncipe azul. Todo es color rosa.

Viendo pasar el tiempo, viendo
pasar a la gente, yo sonrío a todos,

pero de repente mi vista ve más allá.

Veo que detrás de un árbol alguien se mueve. Es mí príncipe azul.

Él me observa, me levanto, él se percata de que lo veo

y se hecha a correr. Corro para alcanzarlo, le grito: Para ya.

Casi lo alcanzo. Cuando me doy
cuenta, despertando estoy de este soñar.

Casi me caigo de la cama, ja, ja, ja.

Despierto de este soñar magnífico.

La distancia

Muy lejos de mí estás, amor, pero yo te siento tan cerca

que, cuando veo tu fotografía, mis lágrimas caen en la piel

y resbalan hacia el piso,

donde la melancolía llega al saber que la distancia nos separa.

Pero el corazón nos une en un solo ser.

Tu recuerdo y tus palabras llenan
este vacío, donde el prevalecer hace al amor.

El amor nos alcanza, nos funde el alma

y la vida empieza para los dos.

Los dos vamos en ese pensar.

Qué bien estamos ante esta vida;
manifestamos puro amor de verdad.

Así es esta vida, hay que saberla llevar. Sólo quiero decirte

que te amo y te emano paz. Sonríe, que te ves divino.

Así te recordaré con más tenacidad. Tú y yo en este mundo

de ensueños que vamos a fortalecer.

Deseo tu amor

Deseo que me cobijes con tu mirada,
que me sonrías con esos labios tiernos.

Deseo que en tu respirar inhales mi aroma.

Deseo que escuchen tus oídos este latir de mi corazón que traigo.

Deseo que me abracen esos brazos fuertes.
Deseo que a mi cuello le des un beso maravilloso.

Deseo que tu corazón sienta lo mismo que el mío,

puro amor. Deseo que tus pies me
lleven a recorrer el camino de la vida.

Deseo que tu alma esté fundida con la mía.

Así, amor mío, viviremos los dos:
amándonos en este vivir de la Tierra.

Y así viviremos en el más allá

por toda la eternidad.

Cuando me mires

Mírame con los ojos de tu alma,
contágiame de tu amor y alegría;

sólo toca mi cuerpo, siéntelo,
disfrútalo y déjate llevar por la música.

No lo observes porque te distraes,

yo sólo quiero que tus manos
se deslicen en todo mi ser.

Yo me entrego a ti, sólo a ti.
Cierro mis ojos para contemplarte con mi alma,

sólo así puedo entrar a tu alma, mente y corazón,

y así conocer, sentir, tus verdaderos
sentimientos y poder sentirme amada,

acariciada desde mi corazón. Te doy gracias por amarme,
hacerme sentir mujer y experimentar una nueva vida,

una nueva experiencia y una
mujer plena ante este Universo hermoso.

Gracias, gracias, gracias.

Cuatro paredes

Entre cuatro paredes me encerraste.

Entre cuatro paredes me llevaste para analizarme,

sintiéndome rara y sintiendo que era observada.

Me sentía sola y abandonada,
yo deseaba que me contemplaras.

Estaba con mi mamá, pero también estábamos en el mismo sentir, y mi alma alborotada me decía:

Qué alegres llegan hoy. Muy
decidida te veo, porque Dios en ti está.

Regurgita a tu Dios, sácalo. Lo tienes
reprimido, revívelo. Muéstralo a la vida en cada instante.

Vive en Él, pues Él es el amor que buscas. Es Él tu alegría. Está en ti y en todas las personas, sólo desea, acéptalo y vive en Él. Vive la vida sin preocupaciones. Todo esto es de Dios,

sólo vive el presente; el pasado ni para
agarrar impulso y el futuro es sólo de Dios.

En este instante, sólo con Dios, vivo,

vivo, con todo mi ser. Vivo, vivo, vivo con todo el esplendor del Sol; manifiesto la alegría, manifiesto el amor. En ese instante mi vida cambió.

Ámame u ódiame

Amor mío, me vas a amar o me vas a odiar.

Total, creo que da lo mismo; ambas están a mi favor.

Si me amas, voy a estar en tu corazón y en tu pensamiento,

si me odias, voy a estar en mente. Pues ámame y ódiame a la vez,

que yo sola soy una y esta una está en tu corazón, amándote.

Quiero bailarte y bañarte con mis besos de espuma de amor;

que tu cuerpo se transforme en dulzura embriagante para mi ser.

Ya me llevaste a la cúspide de la felicidad, tocando la Luna

y las estrellas y observando el

mar desde lo más alto de este planeta,

donde veo que tú eres el barco que flota en el inmenso océano,

donde observo que no decides si me amas o me odias.

Sólo puedo decirte que te amo porque me amo en ti.

Amor mío, me siento feliz

Me siento feliz al saber que eres muy feliz sin mi amor.

Donde estés, percibo tu olor, tu aroma y escucho tu respirar.

Tu aliento, sabor único, lo saboreo. Tu mirada sensual

me hace sonrojar. Y así, con ese caminar, viendo que vienes a mí,

me haces bailar y yo voy a tu encuentro,
te tomo del cuello y nos ponemos a danzar.

Así nos lleva el tiempo, los minutos por toda la casa,

bien abrazados. No nos equivocamos y nos besamos.

Vamos bailando al ritmo de la música,

sin parar, y nos topamos con la puerta de la
recámara. Nos percatamos de que estamos solos.

Sólo tú y yo en este altar.

¿Me haces falta?

Tú, callado, me haces pensar que no te interesa.
Me abandonas por días y, cuando me hablas,
deseas que no pregunte nada acerca de ti.

Sé que te amo y me pregunto: ¿Me haces falta?

Pero comprendí y me vi en el espejo

en este estar. Me dije: Yo sola
puedo estar conmigo misma.

Tu esencia y presencia no me hacen falta.

Tengo mucho amor para emanar al mundo entero

y vivo mejor sin esperar ningún amor que venga a mí.

Te doy gracias por haber participado en mi vida.
Te devuelvo tu libertad, que yo me doy la mía.

Vivir en libertad me devuelve la vida.

Misterio

Me causa un misterio, me arrancas un sentir,

ya que tu voz de mando quiere
doblegarme con esa energía que impones,

y me dices amarme, pero yo sólo
me percato de que es pura impresión al ego.

Te veo, te escucho y sólo veo tu egoísmo, tu control.

Si tan sólo dejaras de expresar esa
emoción sería yo la que te hablara y

mi esencia de amor la que te amara,
pero, como veo que no te importa,

tomo mi retirada de tu vida. Veo
con la tranquilidad que toma mi existir.

Vivir con amor, vivir en paz, es lo
que hace mi vida un cantar de la mañana.

Soy y manifiesto puro amor ante esta adversidad.

Te perdono porque te quiero, pero
me alejo porque me amo más yo.

Bella y yo

Me sorprende tu amor hacia los demás,
lo das todo sin mirar atrás. Eres una perrita:
manifiestas una alegría constante en este hogar,
llegas y haces un alboroto en un ratito,
y no sabes dónde poner más amor. Eres muy inquieta,
eres una comelona al ver qué hay a tu alrededor.
Te admiro, admiro tu astucia, tu inteligencia,
tu sentir. Brincas, te mueves y, cuando me ves sentada, saltas,
me abrazas, me besas y yo me quedo perpleja.
Y cuando estás quieta pareces un alma de Dios;
quien no te conoce dirá que quieta eres bella.
Eres mi inspiración; te respeto y te amo. Cuando yo me vaya,
me gustaría llevarte para hacer un viaje al infinito,
para que conozcas las estrellas y juntas iluminemos este Universo.
Juntas por siempre sonriendo.

¿Tu cuerpo?

Tú piensas que tu cuerpo me atrae,

a mí me gusta contemplar
tu alma, tu cuerpo, que es perfecto,

fuerte, robusto, pero el cuerpo se acaba.

No deseo tu carácter porque
el carácter a veces destruye el alma,

los sentimientos de los demás.
Lo que deseo es tu esencia,

la esencia de tu amor, y lo que
deseo en sí es contemplar tu alma,

desde mi alma, para abrir los
caminos del amor puro y verdadero y

trascender a lo mágico. El cuerpo
a veces me impide llegar a ti,

porque no te permites amar, porque no te amas,

y lo que yo quiero es enseñarte a amar.

Claro, si gustas. Para mí es fácil voltear e irme.

Busco esta conexión de
corazón a corazón y de alma a alma.

El cuerpo atrae, pero prefiero tu esencia.

Mi amanecer

Desde la ventana contemplo
los árboles disfrutando de un buen café

y un jugo de naranja. Me siento tan complacida y relajada.

Ya tenía años de no sentirme así.

Me entregué con el alma,

y en este amanecer los árboles me cantan, me observan

y me brindan su paz, su amor, sus aires;

se mueven de acá a allá, me inspiran su tranquilidad,

disfruto la compañía y me atienden como a una reina,
pues es Dios encarnado y ateniéndome está.

Lo amo y agradezco que en mi vida esté.

No es fácil

Las palabras no me vienen tan fácilmente para decirte te amo,

pero mi sentir es amarte, amarte desde mi esencia.

Estoy convencida de eso. Estoy buscando
la oportunidad para demostrarlo,

que puedas ver que es verdad y me regales un abrazo

sincero de amor y un beso de medio Sol,

y yo con la mitad de mi Luna. Así, el Sol y la Luna

se fundirían, destellarían luces multicolores

y daríamos más luz en esta Tierra. Para mí no es fácil

decirte esto, pero considero importante que lo sepas;

así determinaríamos nuestro amor con un final feliz.

Mi rostro

Todo mi rostro me gusta sentirlo.

Lo disfruto mucho. Hay algo en él, su magia encarnada

por sentirse y verse con tanta paz, una paz

que me viene del alma, esa alma
que había estado en una infelicidad,

pero ahora sólo manifiesta tranquilidad.

Permite verse en el espejo radiando
luz y destellos propios de la vida;

sólo se acepta y es pura felicidad.

Este rostro es hermoso no por su físico,

sino por la majestuosidad que
emanan la paz, el amor y el perdón

que motiva a mi espíritu, a mi
alma, que transforma mi esencia.

Tres cosas la componen: mi cuerpo, mi alma
y mi espíritu, y los tres buscan mi equilibrio con el Universo

y con Dios. Me siento amada, muy bendecida.

Lo más bonito es escuchar que paz emana tu rostro.

Gracias, Dios, gracias, vida, gracias, amanecer, gracias, Universo.

Lloré por ti

Lloré por ti. En un instante mis lágrimas rodaron sobre mí.

Lloré por tu ausencia al sentir un vacío en mi ser,

pero, a la vez, veo y siento que una paz invade mi cuerpo,

porque supe soltarte y quise que retomaras tu libertad.

Y yo sé que me verás mejor desde allá;
yo te veo desde acá, desde lo lejos.

Te bendigo, te sonrío y te amo.
Me costó trabajo soltarte, pero mi alma me decía:

Suelta y confía, me decía a cada instante.

Y así lo hice y empecé por decirte adiós en mi pensamiento.

Y así, poco a poco, te fui soltando. Sí duele, pero con Dios

duele menos. Después, como si nada hubiera pasado,

alguien por ahí me decía: Si alguien te deja, 100 te esperan afuera.

Gracias, Dios, por permitirme ser feliz, por darme esa
oportunidad de soltar y confiar

y de amarme yo misma.

Me amo y me acepto

Me amo y me acepto tal como soy.

Soy uno con el poder del Creador y eso
me da el poder de crear mis circunstancias.

Sólo recibo amor y lo encuentro en todas partes.

Todo se marca bien en mi mundo.
Vivo en armonía y equilibrio

con todos mis conocidos,
me amo y atraigo a mi vida

a personas que saben amar.

Libero el pasado y soy libre para amar plenamente.

En el presente escucho con amor los
mensajes de mi cuerpo, gozo de salud,

sabiduría, plenitud y todo lo que
Dios me ofrece, que es amor y paz.

La razón de mi existir

En ti encontré la razón de mi existir.

Estaba muerta en vida, te vi y me volvió el aliento. Te escribí y me devolviste una sonrisa, me devolviste el ánimo.

Pero me dices que ya te vas, ¡cómo!

Yo empiezo a sobreponerme y, si tú no estás acá,

volveré a estar sin ti. ¿Y cómo s
ostenerme en tu amor por un momento?

Quiero un abrazo, una sonrisa, para que
tu recuerdo permanezca en mi corazón

y en mi ser. No te pido mucho, sólo eso pide mi esencia.

Ven, tomemos una copa de vino,
disfrutemos de una tarde de lluvia

y después te dejo ir. He aprendido a amar libre;
tú eres un centro para aprender a amar.

El Universo me creó

El Universo me creó. Yo soy una con el Universo y me creó con un alma, un espíritu y un cuerpo. Mi cuerpo me cubre de los rayos del Sol, del aire.

Miro hacia al horizonte, donde veo volar a los pájaros,

donde hay mucha libertad.

La Luna y las estrellas manifiestan una alegría por verme danzar acá en la Tierra.

Yo soy del Sol, yo soy de la Luna y de las estrellas, porque yo me siento un ser de luz.

Irradio la verdad y todo lo que brilla,

Brilla desde el infinito, desde el amor de Dios.

Busco a Dios y lo encuentro, lo encuentro en mi pecho;

lo disfruto, lo gozo en este santuario mágico que traigo.

Me creó para un bien mayor. Te amo, Dios.

Mi sentir único

Me haces sentir divina, me haces sentir única,

cuando me dices que me quieres.

Cuando dices venir a verme siento
que las estrella caen del cielo para mí,

que la Luna enloquece de felicidad,

porque eso irradio, y lo contagio.

Tan sólo de imaginarlo estrechas mis brazos con los tuyos

y besas a mi alma. Te siento en todo mi ser.

Sólo tuya en este vivir. Veo que vienes a
mí y yo esperándote

acá con un buen perfume

para impregnar tu cuerpo y que
te lleves el recuerdo de mi amor.

El canto de los pájaros

Escucho el cantar de los pájaros, cantan sin cesar,

cantan y cantan todo el día. Es una melodía única, hermosa.

El Universo está muy atento,

disfrutando de las maravillas creadas por él,

y muy sorprendido está por este
cantar. Los pájaros juegan, vuelan

y se pelean entre ellos. Después, todos contentos,
se ven felices, radiantes y van hacia sus nidos,

donde se ponen a practicar esos cantos, tan peculiares y bellos

que mis oídos atentos quieren escuchar
más; yo los grabo en mi mente

y me hacen sentir mucha paz. Alegran a mi día,

alegran a mi alma, alegran a mi ser

y a los árboles y vuelven locos con sus cantos en el amanecer.

El amor viene y va

El amor, cuando menos te lo esperas, tocando tu corazón está;

lo sientes tan inmenso que no sabes dónde ponerlo.

Lo pones en un altar, algo pasa, se te cae y tú no sabes qué hacer.

Lloras y lloras y te vuelves a recuperar.

Al poco tiempo llega otro amor y no entendemos la lección. Y así

vemos que no estamos preparados para este tipo de amor.

Sólo queremos controlar, no sabemos amar.

Primero buscaré la forma de amarme
mucho; así me llegará el amor verdadero;

así podré valorarlo, entregarme a él y

amar como me gustaría que me amen; así estaré preparada
para un verdadero amor y no lastimaré ni me lastimaré.

Mi amor secreto

Te busqué porque te quiero. Te escondiste y no te encontraba.

No supe de ti. Sé que en este momento,

en este presente, no eres para mí, pero ¿qué crees?

Ya hice mi apartado al Universo

y en la otra vida nos veremos cara a cara, cuerpo a cuerpo.

Tu alma y mi alma se enlazarán para estar juntas,

y entonces no vas a poder esconderte de mí, porque ya te vi,

ya te visualicé y vamos a amarnos. Este amor ya se está cultivando

para un bien mayor, así que ya no hay pretexto para amarnos.

Escóndete por ahora, porque en este momento te dejo en paz,

libre. Puedes salir, ya que en la otra vida nos veremos.

Jony

Amore mío, eres muy especial en esta vida, y más para mí,

pues eres uno de mis pilares, muy
fuerte, en mi ser, eres mi hijo predilecto.

Me has dado muchas satisfacciones, eres mi alegría,

alientas mi corazón y le das sentido a todo este ser que te ama.
Eres el hijo consentido de Dios y tú sabes por qué te lo digo;

por eso Dios me eligió como tu madre,

porque sabía que te voy a amar con toda mi alma.

Si te he fallado, te pido perdón
desde mi ser, desde mi alma a tu alma.

Eres un excelente hombre, sólo créelo. Tienes todo mi amor,

todo mi reconocimiento. Te deseo mucho amor y mucha paz.

Ve cada día de la mano de Dios. Yo te bendigo

y bendito eres. Te deseo sabiduría, amor y plenitud.

David

Mi hijo, el pequeño, el consentido de mamá,

Hijo mío, eres muy sensible,
pero, a la vez, muy fuerte y valiente.

Eres fantástico, siempre me sorprendes
con esa magia que te caracteriza.

Sabes, eres muy sonriente, eres
amante de la verdad. Yo te amo,

mi niño hermoso. Eres mi compañero de trabajo,

mi cómplice, somos
confidentes. A veces me sorprendes

porque tú me aconsejas. Eso me causa risa.

Eres misterioso, pero aun así te amo. Te digo una cosa:

Dios siempre cuida de ti,

Dios te ama y mi alma y tu
alma están siempre conectadas.

Siempre vamos los 3 de la mano: tú,

Dios y yo vamos caminando.
Te amo y te deseo sabiduría, amor y plenitud.

Mi vida en silencio

En el silencio me enseñé a amarte.

En el silencio fui a abrazarte en cada anochecer.

En el silencio fui a despertar contigo.

En el silencio enseñé a mi alma
a que fuera a visitarte día con día.

Todo fue en silencio, así fue para que no te dieras cuenta,

sólo pienso que lo percibías. Lo que ya no fue en silencio

fue este gozar. Te gocé porque tu alma bailó con la mía,

pero sólo así permitiste que entrara a tu vida.

Así lo permití yo en la mía, pero al final me llevo lo mejor
parte de tu vida, que es este gozar de tu alma, vida mía,

porque tu alma se enamoró de la
mía y nos convertimos en un solo amor,

único acá en la Tierra. Así que te veo todos los días

en este silencioso gozo que me hace sentir feliz, libre,

enamorada de ti, preciosura mía.

Ahora tu alma quiere estar más con mi alma.

Sólo tú decides si quieres estar en mi vida,

porque yo soy muy feliz
amándote en este silencio de cada día.

Voltea a verme

Eres hermoso, en verdad, bello y encantador.

Yo sin tu amor no encuentro la felicidad.

Mi amor voltea a verme y yo desesperada estoy

porque tu cara de ángel voltee a darme una sonrisa,

así yo podría ir en paz y sentir que tu sentir es mío

y de nadie más.

Te quiero de verdad; cada vez que te veo,

mi corazón salta de alegría,

pero mi alma es feliz cuando me enfoco en esa sonrisa.

Y yo, ya sin más esfuerzo, consigo todo tu amor,
porque me amo y este amor se manifiesta
en ti, sólo veo tu hermosura, tu sonrisa

y yo me quedo con mi cara atónita, sin saber qué hacer.

Quiero decirte que te amo y aquí te esperaré
con mis brazos abiertos; esperándote estaré

porque eres el amor de mi vida,

y si nos es en esta vida, en la otra te veré.

Soñar contigo

Soñé contigo, te vi y me enamoré de ti.

Me esmeré en hacerte saber que te amo
desde mi alma y mi corazón. Y me olvidaste.

Fue muy fácil para ti ya no
contestarme, sabiendo que yo te esperaba.

Yo lo entiendo. Sólo sé que
destruiste mi corazón y mi alma,

destruiste todo mi sentir.
Todo esto va a tardar en recuperarse,

pero tienes razón, no tenemos
la misma conexión. No me conoces,

ya que no doy la oportunidad de conquistarme,

sólo doy, doy, y me doy. Lo único
que veo es que me olvidaste.

Yo había prometido amarte, sin embargo,

sólo percibí este sentimiento de abandono. Te amo

y te amaré en silencio, así será de hoy en adelante.

Este corazón se repondrá muy pronto. Eres
alguien muy especial, por eso te perdono tu
abandono. Quiero decir que me amo más

y te digo adiós. Sólo te amaré.

Vivo por ti

Mi amor está vivo por ti. Así comienzo mi día:
pensando en ti, amor. Quiero que tu corazón se fije en el mío,
y yo sola me sonrío, sabiendo que eso es un momento de ilusión,
un imposible. En la habitación hago sueños,
pero en la realidad mi amor me quema por dentro;
siento que va a estallar, entonces busco un lugar fresco y amigable
para ponerlo por un momento ahí, para que descanse, que repose,
y luego lo vuelvo a colocar en mi corazón. Donde
quiera que estés, ahí estaré, con mi alma mirándote
y diciéndote que te amo, aunque huyas de este mundo.

Conoces que mis pensamientos son
para enamorar; yo me rindo ante ti
y se lo dejo al Universo. Veremos el resultado de
este amor inmenso que siento, ya que me enseñaste
muchas cosas buenas que no puedo olvidar.

Tú eres jovial, yo libre y merecemos amar.

Contemplo el cielo

Desde acá contemplo el cielo. Lo veo maravilloso.

Ese azul inmenso con nubes
de algodón, con esa magia que hipnotiza,

te lleva a mil pensares. El cielo
me brinda el agua para saciar la sed

y en las noches me regala
sus estrellas para alumbrar los destinos.

Las estrellas destellan luces
sin igual y la tierra fertiliza mi ser;

me enseña a amarme con
las cosas que me pasan día con día;

no me suelta, me sostiene con su fuerza, que emana
mucho amor. Ella me da el poder para sobresalir
en todo lo que deseo para estar muy bien.

Y aquí en la Tierra tenemos
luciérnagas que nos alumbran nuestros caminos.

Yo, en medio del cielo y la tierra,
me veo cubierta de amor y paz.

Se ve que hay una gran distancia, pero esa
distancia la veo con gratitud y amor.

Toco el cielo y la tierra y la distancia
es mínima. Nos abrazamos los 3:

el cielo, la tierra y yo.

Dios en mi ser

Dios, mi amor, Dios en mi mente, Dios en mí.

Aunque la tristeza venga a visitarme, la atiendo con atención.

No le permito la entrada, pues yo habito en el amor

y le doy las gracias por quiere venir
a instalarse, pero mi verdad es Dios.

Te digo, le digo: Sigue caminando, alguien querrá disfrutarte.

Gracias, yo no. Eso siento cuando una emoción llega a mí;

la veo, la desnudo y procuro no
enrolarme, porque Dios está en mi ser.

Dios es mi alegría, Dios constante en mí.

Tus ojos como estrellas

Tus ojos son como las estrellas del cielo,

te veo y me deslumbras con ellos.

Me das esa luz que deseo, que
me refleja la gratitud instantánea,

ese amor puro y verdadero. Sólo el
Universo pudo ponerte en mi camino,

pues viniste en este momento a mi vida.

Eres la felicidad encantada porque
tu corazón sólo anuncia ese amor único.

Yo te llevo en mi ser como alguien muy especial.

Mi vida, apenas te veo, mi corazón
salta de alegría. Tú, en mi vida,

me manifiestas mucha divinidad, mucha vida y me
haces el día muy pleno, me siento estar entre las nubes.

Mi amor para ti y para el Universo.

Te amo porque te amo

Nadie va a detener nuestro amor,

tú y yo, solos, vamos a sobreponernos a disfrutarnos,

y no hagamos caso de lo que murmuren por ahí,

ya que tú y yo podemos ser mejores.

Vamos a recorrer los caminos con este amor

que nace desde nuestro ser.

Lo que fortalece este amor es la confianza de los dos,

por eso vamos danzando por la vida. Así esta dicha manifestada

por nuestro Creador. Sólo permíteme estar contigo

y veremos al Universo manifestarse con toda su abundancia y su

esplendor. Así que vamos a darle rienda suelta a todo esto

que nos pasa y que se llama amor. Te amo porque te amo,

sólo te amo.

Todo lo que me pasa

Todo lo que escribo es pura locura e
inspiración que sale de mi corazón y mi alma.

Todo lo que tengo es porque Dios me lo proporciona

en cada instante. Todo lo que me pasa es el resultado
de mis acciones. Todo lo que escucho es porque mis
oídos detectan todos los ruidos

y voces que quieren escuchar.

Todo lo que veo es gracias a mis ojos
abiertos y veo lo que sucede a mi alrededor,

Y con mis ojos cerrados mi alma es la que está atenta.

Todo lo que como es porque
tengo hambre de saborear algo,

y a veces como lo desconocido.

Todo este amor que siento es
la respuesta a mi pura verdad,

la que emano al entorno. Toda una
vida, una experiencia vivida, pura sabiduría.

Todos mis hijos, lo más preciado en
nuestro Universo, son el mejor regalo de Dios.

Todo lo que existe me lo reconozco,
sólo deseo creerlo y crearlo; más fe en mí.

Gracias, Dios, porque todo mi
cuerpo funciona muy bien.

Todos mis días los sé vivir con
mucha alegría, dinamismo y felicidad.

Con toda mi familia trabajo con mucho
amor, como si fuera mi último día en esta Tierra.

Toda la abundancia sólo viene de nuestro Creador

y hay que disfrutarla con mucho
gusto y saber dar gracias.

Sólo gratitud.

Ver tu rostro

Viéndote tu rostro estoy, lo contemplo. Pienso que eres

lo que más me gusta en esta vida. Ven por mí,

ven y llévame, no quiero esperar más.

Quiero estar entre tus brazos y
disfrutar tu cercanía, oler tu cuerpo,

el aroma que das, y así estaríamos en uno y el otro.

Me veo sentada en los cuernos de la Luna,

desde ahí admiro las estrellas, el mar, la tierra

y a las personas que nos aplauden por este amar.

Siento que somos el uno para
el otro y gozo de este amor divino

que sale de nuestro ser

y se refleja en el Universo, con
destellos de luces que salen entre la tierra,

donde se manifiesta este amor puro y verdadero.

Amor mío

Amor, eres mi mejor amigo, mi acompañante,
me satisface mucho abrazarte,
porque este amor que siento no cabe en este corazón.
Por eso mismo me atrevo a robar una estrella del cielo:
para dártela con todo mi amor.
Te la regalo para que encuentres tu camino, sigas adelante
y no esté yo con este suspirar,
ya que yo, con mi destino, no quiero ponerte tropiezos.
Esa luz que emana la estrella deseo
que se manifieste en tus ojos y en tus pasos
para que sigas tus proyectos. Y yo, desde acá observándote,
te miro donde quieras que vayas
con ese soñar. Dios te dé la oportunidad
de hacerlo realidad, sólo me toca
decirte: te amaré hasta el infinito.
Te devuelvo tu libertad; fuiste lo mejor de mi vida.

La música

De repente escucho la canción,
la canción que siempre quise bailar contigo,

y me lleva a ti, al recuerdo. Me hace sentir muy bien,

como si fuera tan real. La escuché
sin querer. Al pensar creo que se ancló a mi vida.

Te llevo en mi pensamiento, en mi ser. Esa canción me
hace recordar las aventuras creadas en mi mente;

les diste cuerda suelta a muchos pensares. Ja, ja, ja, así lo veo.

Tú fuiste el provocador de estos sucesos
maravillosos. Me llevo las manos a la boca

por asombro de ver todo lo que he hecho
de mí, y me digo: ¿Qué has hecho, mujer?

Sé que todo puede suceder, mis esperanzas no mueren todavía,

así que seguiré en el intento por esta
vida loca y feliz por lo que soy y me gusta ser.

Así estaré escuchando la música
que me lleve a gozarte y disfrutarte

a través de este suceso fenomenal
que tiene este Universo hermoso.

Me da risa, mucha risa, sentir esto, sólo yo me entiendo.
Dios me ve desde lo lejos y me cohíbo ante él, pero, en mi
pensamiento, Él camina hacia mí y me abraza fuertemente,

dándome el aliento de la felicidad.

Amor de juventud

Siendo una jovencita de quince años, inquieta,
hermosa, mi mirada buscaba el amanecer,

buscaba quien me volteara a ver.
Despertando de esta niñez,

donde yo me estaba convirtiendo en una mujer,
mi alma se estaba despertando para este nuevo cambio;

me decía: Quiero vivir nuevos momentos sintiendo los aires del tiempo. Y yo, sintiéndome cada vez mejor, cada vez más mujer,

buscando el amor de primavera, sonreía a todo mi ser,

sintiéndome amada por el atardecer, pues
él y yo platicábamos de nuestro romance.

Él me decía que me era fiel y yo lo disfrutaba,
me sentía que estaba en la Luna y con las estrellas;

me iluminaban. Me tocó un excelente
amor que sólo me haría sentir que volaba;

me hacía soñar y me arrullaba el
pensamiento con sus cartas perfumadas,

únicas, que me hacían sentir amada.

Sólo el recuerdo me hace sentir renovada.
Gracias, vida, por haberme sentido así,

gracias por conocer un excelente amor de juventud,

un amor inigualable. Este amor de juventud
tuvo que despertar de ese sueño maravilloso,

y mi mamá me hizo ver mi realidad.
Me siento amada, me siento plena; gracias, Dios.

Una de las etapas más bonitas
de mi vida: vivir el amor a esa edad.

El amanecer contigo

En este amanecer nublado,
lluvioso, despierto y veo tu rostro.

Me alegra verte, sentirte, sentir
tu presencia a mi lado, verte sonreír

y ver que me miras con esos ojos bellos
que iluminan mi alma. Me haces el día.

Oler la tierra mojada me hace sentir
una tranquilidad, paz y mucho amor.

Desde la ventana contemplo el jardín;
observo cómo se mueven las flores, las hojas

y veo cómo es la vida: es tan frágil y tan
fuerte a la vez. Volteo que verte y me sonríes.

Yo sólo te acepto tal cual eres,
pues tú, todo tú, eres mi sabiduría,

mi presencia en mi presente. Quiero
decirte te amo; eres lo máximo en mi vida.

Te observo y callado estás.
Quisieras adivinar mis pensamientos,

pero lo que tú no sabes es que todos tuyos son.

Serás mi chico ideal hasta el final de mis días.

Mi ser te busca

Mis brazos te buscan para abrazarte.

Mis ojos miran alrededor para encontrarte.

Mi boca se queda quieta, diciendo: ¿Dónde estás?

Mis pies quieren caminar para alcanzarte.

Mi alma quieta está, pensando qué hacer para poderte sentir.

Mi corazón siente nostalgia al no saber nada de ti.

Pero mi ser, mi esencia, riendo está,

porque todo mi cuerpo quiere
sentirte, mas yo, mi ser, tranquila estoy.

Sé que te extraño, sé que te busco, sé que te amo y en nombre de ese amor te doy tu libertad. Si tu regresas es que me amas; no te sorprenda que ya esté ocupada.

Y si no, deseo que tú seas feliz.

Yo seré feliz observándote desde mi balcón.

El amor es así, pero no te preocupes
por mí, que yo soy feliz desde mi esencia,

desde mi Dios, desde mi infinito para ti.

Déjame ser

En una tarde, sentada estoy.
Me mira, me observo y me digo:

Permíteme entrar a este ser divino.
Déjame descansar de tanto agobio.

Déjame reír con mi niña interior.
Déjame sanar las heridas del alma.

Déjame robarle un beso a ese corazón fuerte y valiente.

Déjame disfrutar el aliento que respiras.

Déjame contemplar ese rostro
maravilloso, que es el reflejo de Dios.

Déjame limpiar esos pies de tanto
recorrido que has hecho por la vida.

Déjame abrazarte con estos brazos tersos que tengo.

Déjame purificar este cuerpo que
traes, cansado, frágil, día con día.

Déjame transformar tu mente
para que se realcen tus verdades.

Déjame amar a mi ser. Déjame entrar a tu vida.

Deja entrar a Dios y tendrás una trasformación total.

Cuando hablo con mí ser

Cuando estoy sola me siento a mí misma, me
cuestiono, me pregunto cómo estoy,

cómo me siento, qué gustaría.
Me digo: Sé sincera contigo misma.

Y así entro en mí ser y empiezo
a dialogar con mi ser interno.

Encuentro tantas respuestas que cuando
estoy consciente no me percato de quién soy

ni lo que quiero ser y hacer. Ahora
me doy cuenta de que me amo,

pero a veces no lo reflejo; estoy más en otra sintonía.

Pero hoy mi ser me dice:
¿Te mereces esto que te está pasando?

Una pregunta que hizo pensar, y
reaccionar, vino a revolucionar a mi mente-cuerpo.

Reflexiono qué voy a hacer con
todo lo que reconozco que es mío.

Para yo conseguirlo, tengo
que trabajar en mí, creer que

que sí puedo recibir todo lo bueno que hay en esta vida y

ya no vivir en la "conformidad," sólo debo empezar
con mi transformación. Desde hoy empiezo a
valorarme, a respetarme, poner los límites y

a creer más en mí.

No cuentes nada de mí

No cuentes nada de mí; no sabrás qué decir.

Tú sabes que nunca me quisiste.
Siempre mentiste. ¿Qué puedes contar?

Sólo tu vanidad andante quiere
sobresalir. Yo no soy parte de tu presente ya.

Fuiste un amor hermoso, lo
más precioso en mi pasado.

Yo podré contar cosas reales, tú sólo
contarás tu vanidad en todo este amor.

Tú queriéndome dar una lección
de amor cuando la vida te la dio;

no la valoraste, te esfumaste. Cuando tú aprendas a
amarte serás otro para un amor pleno. Lo siento por ti,

porque estará el amor esperándome en donde yo vaya,

y tú estarás con ese amor perplejo,
controlador, que no deja nada.

Me veo tan hermosa

Me veo tan hermosa al reflejarme en el agua cristalina

y me veo entrando al cielo.
Veo un refugio lleno de ángeles,

y los ángeles empezaron a cantar sin
cesar. Me aplaudieron en mi llegada

y yo asombrada estaba, no esperaba algo similar.

Ellos felices cantaban de ver que otro
ángel más se acercaba al recinto celestial.

Yo casi lloraba de tan emocionada
y consternaba que estaba,

pero mi alma había preparado
todo esto para que descansara en paz.

Y así, al final, estábamos tan
alegres y nos unimos al más allá.

Todo esto es alegría y majestuosidad, una
dicha de alcanzar la paz y la tranquilidad.

Por siempre en la eternidad.

Contemplo la vida

Al contemplar las nubes, al
contemplar el Sol, contemplo la vida,

contemplo mi ser… Y eso eres tú,
mi Dios, que eres mi Creador.

Te traigo en mi pecho, en mi
sangre, en mi alma; yo te pertenezco.

Gracias por amarme y manifestarme la vida.

En este momento veo pasar a
las personas con prisa, otras lentas;

en sus pensares, todas van
con un destino según su consciencia.

Veo los árboles moverse de acá para allá,
el aire hace que bailen y se disfruten entre sí;

manifiestan puro amor. Yo sólo
observo que no ponen resistencia,

se dejan fluir, saben vivir, se saben manifestar.

Yo vivo y quiero aprender a vivir, a
mejorarme día con día, como los árboles.

En mi existir con Dios

Dios mío, yo sin ti no existiría.
Te doy gracias por haberme creado

y, sobre todo, porque existes en mi
vida. Me amas desde antes de mi creación.

Yo te bendigo. Eres mi dulzura,
mi sueño, mi entorno, mi Dios.

Eres puro amor, un amor incondicional
que me brinda lo mejor de ti.

Tú me aceptas tal cual soy. Gracias, mi
Dios, yo sólo quiero contemplarte desde mi ser,

desde mi divinidad, ya que tú me
das puro amor. Eres un Dios eterno,

un Dios infinito, eres mágico,
inalcanzable. Sólo yo sé cuánto te amo,

pero, antes que nada, gracias por amarme.

Desde hace miles de años yo
ya tenía una cita acá contigo.

Te agradezco, gracias infinitas.

Israel

Israel, de allá vienen mis antepasados,
de allá siento mi esencia, allá me gustaría vivir.
Ahora quiero regresar a conocerte.
Sé que eres maravilloso, genial, único;
sé que eres poderoso y fuerte desde la antigüedad.
Sólo quiero que me aceptes de nuevo.
Tú eres bello, eres mágico. Quiero regresar a tus brazos
y sentirme una vez más única y especial ahí contigo.
Tú eres la tierra prometida, sólo falto ahí.
Mi promesa es: quiero estar ahí contigo.
Quiero cantarte, bailar, tocar los panderos junto contigo.
Israel, quiero gozar de ti, de tus aires, tus tierras, tus aguas,
tus personas. Eres de donde mi bisabuelo salió un día.
Hoy quiero regresar a ti
con mis brazos abiertos y esperándome estarás;
yo sé que te alegrarás al tenerme ahí.
Cuando toque tus tierras, me postraré ante ti.
Gracias, abuelo, Juvencio Jarquín. Gracias, Israel.

Desde que te ví

Me estoy enamorando de ti cada vez más y más.

En todo momento estoy pensando en ti.

Me falta tu respirar cuando no estás.

Sólo recostando mi cabeza en
tu hombro me haces sentir feliz.

Me haces tan feliz al verte, no
importa lo que piensen los demás.

No dejaré que se pase este
amor, ya que yo nací para ti.

Tú vienes siendo mi reflejo y
mi verdad, eres sólo para mí

y yo para ti nada más; eres mi amor,
sólo mi amor, único y verdadero.

No necesito tener más. Desde que te vi
me enamoré ti. Cambió mi existir al verte
junto a mí. Eres mi razón de vivir.

Cambiaste una razón de ser y estoy
muy enamorada de tu alma y tu ser.

Mi inclino ante ti

Si las aguas del mar susurran amarte,

yo con mucho amor te hablaré.

Si los aires cantan para
adorarte, yo, como el aire, te cantaré.

Si las montañas platican entre sí,
exclamando tu amor maravilloso,

yo quiero sorprenderte con mi amor a cada instante.

Si el fuego expira humo y sube al cielo, ahí
coloco todo mi amor, y que se manifieste en
todo tu universo el amor que siento por ti.

Si las estrellas destellan luces
de mil colores, expresando tu dulzura,

yo me reflejo como tu estrella única.

Si la Luna alumbra mágicamente a toda nuestra Tierra,

eres tú, mi Dios, manifestándonos ese amor inigualable.

Si el Sol irradia tu luz y calor,
y se inclina hacia ti cada atardecer,

yo me inclino hacia ti. Si yo río, si yo bailo, si yo canto,

yo pienso que sea para ti, mi Dios.

Que mis manos aplaudan cada vez más.

Desde un principio tú eres mi verdad,
mi amor verdadero. Sólo sé que te amo.

El duende y yo

Mi amigo el duende vive en el bosque.
Él viste un pantalón de color beige,

una camisa verde oliva, de satín, y sus
botas peculiares con un cascabel en la punta.

Él trae una barba blanca,
cerrada, y unos ojos azules brillantes.

Yo camino entre el bosque disfrutando el atardecer,
inhalando los olores propios de la maleza y

los árboles, llevándome a una tranquilidad y
a un anochecer de mucha paz. De repente me
salta alguien frente a mí. Yo tropiezo, me caigo y
el duende empieza a reír a carcajadas. Yo, muy
confusa, no sé si reír o llorar. Finalmente rio
cuando veo quién me hizo caer.

Reímos los 2 sin parar.
Él se lleva la mano a la boca,

pidiéndome disculpas, y yo le digo: No pasa nada.
Nos tomamos de la mano y seguimos avanzando.
Nos platicamos muchas historias que vivimos

cuando niños, donde nadie me creía todo lo que yo contaba. Así era nuestra infancia; juegos imaginarios para muchos, pero para nosotros, muy reales. Me voy. Tengo que regresar a casa. Él se pone triste y me dice: No te vayas. Quédate un rato más.

Pero yo, en mi insistir, me voy,
dejándolo atrás, con una lágrima en su cara.

Le digo: Voy a volver a buscarte. No me hagas sentir mal, ya que tú puedes acercarte a verme.

Sólo tienes que tirar una piedra a la ventana y yo saldré a verte. No me despido. Tú eres importante para mí, en mi existir.

Me haces sentir importante y yo también
lo hago en tu vida. Somos uno en esta Tierra

y tú eres de este Universo.
Hacemos la magia en este entorno,

tú con tu verdad y yo contando la mía.

Disfrutemos lo que tenemos
y así aprovechemos nuestros días.

Mi despedida

Te encontré, disfrutamos de este amor entre los dos y finalmente te fuiste. Ahora sólo contemplo tu fotografía. En ese momento eras mi luz, mi ángel, ahora eres mi experiencia única en esos momentos de amor. La luna estaba celosa y cuchicheaba con las estrellas

porque acostumbrada estaba a que yo fuera de ella,

pero un ángel bajó del cielo, me admiró, me abrazó y me hizo sentir especial, bella. El presente era magnífico para mí. Disfruté su compañía, ahora sólo me queda el recuerdo, el aliento, el aroma natural, sólo tengo la certeza, la fe y la esperanza de que algún día estarás en mis brazos. Yo creo que en la siguiente vida nos encontraremos otra vez, para enloquecerme como la primera vez. Te doy gracias por haber estado en mi vida; te amaré.

Vamos a amarnos

Hoy vamos a trabajar este amor que sentimos los dos. Tengamos mucha fe, sé que lo vamos a lograr,

sólo te pido que no veamos alrededor ni hacia atrás. Vamos a salir de este sentir. Yo sé que te amo y me percato de que tú también me amas; vamos a dar este amor al mundo que nos ve.

Tú y yo somos uno, y en ese uno lograremos estar mejor cada día, día con día, y así la vida será más fácil. Manifestar el vivirla de mil maneras, sonriéndome, sonriéndote y sonriéndole a la vida para contagiarla de este placer del amor.

Velando tu sueño

Me siento encantada al estar a tu lado velando tu sueño, contemplándote cada instante. Tienes un respirar profundo y tu alma se escapa al ancestro. Sólo tu cuerpo radica acá conmigo, tu alma se nutre allá arriba, pero ya no tarda en venir a reposar a tu cuerpo bendito. Tienes una nariz hermosa, unos ojos conquistadores y una boca tan sensual;

lo que más me agrada es observar tus brazos fuertes. Pareciera que fueras a sonreír. Te veo cubierto por las sábanas. Eres un verdadero ángel; Dios medio la oportunidad de conocer a uno en persona, y ese eres tú. Tú y yo en esta vida, donde tenemos que comenzar a aprender a amarnos.

Nuestra cama

Te veo acostado y te contemplo en nuestra cama. Las almohadas apapachan tu cabeza,

las sábanas cuidan de tu cuerpo, sólo tú reposas en este momento. Tu alma, con el ancestro, anda comunicándose con otras almas, platicando de cosas que pasarán. Sólo tu ser está en descanso, disfrutando tu sueño rico, y yo observo lo hermoso que eres.

Las facciones de tu cara son muy delicadas, como si estuviera viendo un ángel.

Escucho tus respiros, llegan a mis oídos. Tú eres mi ángel, eres mi presente, eres mi ideal andante.

Gracias por amarme.

El secreto de la vida

El secreto de la vida no es descubrirla, sino crearla. Acéptate tal cual eres. Tu alma viene a vivir una experiencia humana. No trates de vivir una vida que no te pertenece, sólo vive en Dios, que Él pondrá en tus pasos la felicidad; permítele que entre a tu vida, sólo acéptalo y no pongas piedras de tropiezo en tu camino.

Ámate, porque amarnos nos hace bien a todos.

Las prendas de mi mamá

Hoy, al revisar el closet, encontré unas prendas de ti, mamá. Los recuerdos y los aromas vinieron a mí. Me puse triste por unos instantes, luego me puse a bailar como si tu bailaras conmigo. Te sentí y me emocioné al verte en mi mente. Fuimos felices, como lo éramos; jugábamos, reíamos y nos contabas tus anécdotas, siempre dándonos gusto. Te recuerdo, madre, pero reaccioné y te sonreí. Me sonreíste, me tomaste de la mano, me bajaste por las escaleras, me llevaste y me guiaste a donde estamos juntas en una fotografía. La contemplamos, te miré y me observaste. Nos abrazamos, nos reímos y lloramos; me dijiste que me amas y me deseaste lo mejor.

Me hace llorar de emoción de alegría el sentirte tan cerca de mí. Yo te extraño, por eso vine a verte. Gracias, madre, besos al infinito.

Algún día nos abrazaremos de nuevo.

Enamorada

Lo más bonito es estar
enamorada a través de la distancia;

es lo más bonito que me ha pasado. Saberte mío, aunque sea en mi pensamiento, disfrutarte a mi manera, sin que me digas nada, sólo contemplándote con los ojos del alma,

esta alma que te degusta en su totalidad, ya que me siento única y especial.

Hoy pienso en ti, mandándote mi amor, ojalá tu ser lo perciba para ver lo de nuestro amor;

si no lo fuera así, a mí no me importaría, pues tan sólo con percibir tu recuerdo mi esencia está más que viva. Te amo y te amaré más allá de esta vida.

Te llevo en la sangre, en mis moléculas, en mi piel,

y no le pido otra cosa a Dios que no sea que alcancen los días para estrechar mis brazos con los tuyos. Algún día te veré en mi regreso, ya que mi partida fue sólo eso, un ir sin un retorno de cada día. Hoy procuro estar contigo, haciéndole caso a mi ser y a mi regreso.

Mi pueblo

Soy la ventana de la vida, sólo asómate y me verás radiante como el Sol, dando sonrisas al viento y con mis cabellos alborotados. Camino por las calles de mi pueblo; voy con mi rebozo azul turquesa en los hombros, llevo en mis brazos un canasto de frutas para regalar

y saludo a las personas; me corresponden el saludo.

Es una mañana muy tranquila. Huelo el aroma de humo de donde están haciendo ricas tortillas y preparando un café exquisito. Yo entro a la casa de una conocida. Le llamamos tía Chica.

Ella me pasa para disfrutar un buen café. Recordamos viejos tiempos, nos reímos y lloramos. La nostalgia me invade, mil pensamientos, pero vuelvo en mí. Recordamos a mi madre, lo que era mi madre. Recordar mi infancia me encanta, me fascina. Regreso a mi esencia, a mi verdad, regreso a casa con un nudo en la garganta; no quiero salir de ahí, pues siento que hay mucho de mí en ti, pueblo querido, y, sobre todo, está ahí reposando una extensión de lo que soy: tú, mi bendición, Jenny.

Te dejo, los dejo, me voy a Oaxaca en busca de mi verdad, a seguir adelante, a sonreírle a la vida, a sonreírle a Dios.

Mi Tierra hermosa

Te llamamos Tierra; un planeta cómo tú, ninguno.

Tu extensión es muy grande.
Dios, a través de ti, nos proporciona

agua, oxígeno, vida animal, vida
vegetal y en este cantar estamos.

Eres el cimiento de nuestro
existir, de nuestras casas, y desde ahí

formamos nuestros hogares.
Disfrutamos de tu naturaleza, tus jardines,

prados y bosques. Eres la Tierra que fortifica todo,

eres la esencia de nuestras vidas.
Nos ves nacer, nos ves crecer, nos ves morir

y nos das una santa sepultura. Tú, mi Tierra, eres
bella y solidaria con todos nosotros. Muchos no
pensamos en ti como tal; quise escribirte porque
eres tan fértil como yo.

Quiero decirte que te amo, te valoro y te respeto.

Mi Dios, mi alegría

Eres mi alegría, eres mi fe, eres mi infinito;

ando contigo entre las estrellas y las estrellas me siguen y se insertan en mis cabellos, dando luz a mi sendero, brillando sin cesar y mostrando el camino a la prosperidad.

Dios en mí, en mi corazón está.

Mi cabeza brilla con esa luz radiante, y esa luz me impulsa a volar hasta el más allá, donde me reencuentro a mí misma. Me veo de pies a cabeza y veo que soy observada por Dios; Él me consiente y me dice:

Quiero abrazarte y mostrarte las maravillas.

Todo esto es para ti, sólo ámate, porque yo te he amado desde que te concebí.

Alma

Tienes un alma preciosa, como una flor en primavera; preciosa por fuera, preciosa por dentro. Eres un ángel en esta Tierra, donde tus alas empiezan a salir para emprender tu vuelo con tus dulces encantos. Enamoras al Universo con ese amor que radias.

Sólo tu Alma Rosa puede viajar a través de ti. Eres mágica y extraordinaria, sólo tú, amiga, puedes lograr todo.

Sólo te digo

Mi Dios, sólo te digo que eres grande, eres asombroso, eres maravilloso, eres mi Dios, eres mi luz y soy tu creación divina. Me siento amada por ti, mi Dios querido.

Soy un ser de luz, un ser de paz, un ser de tranquilidad, un ser de amor, un ser valiente, un ser humilde, un ser sano, un ser sabio, un ser audaz, un ser perseverante, un ser brillante, un ser para ti, mi Dios.

Drago

Mi querido Drago, eras un cachorrito, el más pequeño de tu camada; eras tan frágil, tan minucioso. Tienes unos ojos únicos, uno azul y el otro café.

Jonathan, mi hijo, por esas características te eligió.

David, mi hijo, el pequeño, te envolvió con todo su amor. Eres la alegría de la casa desde que te hiciste presente.

Te compraron tu casita, pero eras muy tremendo, juguetón y en un 2x3 te la acabaste. Terminaste mis macetas, pero aun así te amamos; inspiras mucho amor. Ahora eres un perro muy hermoso, más tranquilo,

más obediente, estás muy grande, quieres estar en todas las conversaciones y

cuando comemos tú también quieres comer. Tú sabes que te amamos y eres la alegría de nuestro hogar.

Te amamos, Drago.

Dios de mi vida

Dios de mi vida, eres muy especial; creador del Universo, creador de todas las maravillas, y dentro de esas maravillas estoy yo. Dios, eres tú mi Creador

y yo soy tu creación divina. Quiero decirte que he aprendido a amarte y a amarme; me siento muy tranquila y feliz. Gracias por la fortaleza y tu sabiduría que me das; gracias, mi Dios, porque me llevas al sitio indicado, a lograr mis metas. Dime, mi Dios, ¿a dónde quieres que me vaya? Susúrrame al oído cuando esté dormida y haré caso, sólo dímelo. Me siento muy segura con este amor que siento por ti; me llena el alma y mi cuerpo vibra con ese amor que tú emanas.

Dios mío, eres tan lindo, sólo contigo me siento así. Me amo y regalo al Universo este amor que tengo y doy la luz

y la paz que hay en mi cuerpo. Para mí es un placer compartir lo que tú me das,

es un amor que nunca se agota.

El árbol

Un árbol frondoso, muy grande,
con sus ramas muy verdes y grandes,

frente a mi ventana, gozando de sus ricos
zapotes, está muy cargado de su exquisita fruta.
Los pájaros y las ardillas disfrutan este manjar y
los pájaros saltan de rama en rama,

cantando de alegría que Dios
les provee una comida muy rica.

Las ramas del árbol se mueven sin parar.

Disfruto el canto de los pájaros
y tomo el Sol resplandeciente.

Las verdes hojas casi quieren hablar,
se dicen unas a otras: Disfrutemos este cantar.

Y yo sólo contemplo y me dejan pensando.

Mi madre y yo

Mi madre se siente enfadada y le pregunto por qué está así. Ella me dice: No lo sé. De repente, mi madre se pone a sonreír porque se siente sorprendida y se pone a platicar.

Me siento muy bien con ella,

platicamos de muchas cosas, la amo, daría mi vida por ella. Le pido su bendición. Ella sonríe y me dice que sí. Me siento muy agradecida con ella. Me dice que le lea la Biblia.

Yo le leo y ella, muy atenta, es feliz escuchando.

La tarde

Una tarde muy tranquila: el Sol muy cálido,

el cielo azul con sus nubes blancas, un árbol moviendo sus ramas y yo sentada en el comedor, escribiendo junto a mi mamá. Por la ventana frente a mí observo todo el panorama. Mi mamá está un poco seria, pero yo insisto en que sonría. Me paro, me hago un café, ¿café? Mejor dicho, un café con leche,

con canela y un toque de chocolate amargo.

Delicioso, mmm, muy rico. Le ofrezco, lo toma y me sonríe; reímos a carcajadas. Yo lo tomo con un riquísimo pan con crema. Quiero comentarles que es un café sin igual; dicen mis sobrinas Chandys y Danny que es el mejor café del mundo. Lo disfruté mucho. Me siento feliz por estas locuras que me salen del alma

y para el alma. Te amo, mi alma.

Mi soledad con Dios

Gracias, Dios. Me siento contigo a platicar, pero quiero decirte: Mi alma te desea, te busca y solamente me siento abrigada por ti. En esta situación estoy con la esperanza, esperando tener un dulce encuentro.
Yo sé que te presentarás con cálida mirada,

diciéndome: Ven, te voy a dar
un fuerte abrazo. Correré a tus brazos.

Dios, yo te buscaba en los rincones, en el cielo y hoy me doy cuenta de que vives en mí. Te doy gracias por esta sabiduría que me das y conmigo siempre estás.

Desde niña con mi Dios

Desde niña me dijeron que me amas
y yo me lo creo. Tú eres mi Creador.

Dios, gracias por crearme, por darme la vida, por darme la madre y el padre tan maravillosos que me concibieron con mucho amor. Dios mío, gracias por los hermanos que me compartiste, y me has enseñado a conocerlos a cada uno. Todos nos amamos a nuestra manera, ja, ja, ja. Hacemos una hermosa familia. Te agradezco, mi Dios, por crearnos

y por saber ponernos a todos
juntos en esta ciudad tan hermosa.

Estrellas en mi alma

Hay estrellas en el cielo.

Hay estrellas en mi alma.

Hay estrellas en mis pensamientos; yo las libero todas al Universo y regresan a mi cuerpo.

Dios me las regresa otra vez porque mi alma las vive; ésta se llena de alegría y se da cuenta de que todos somos uno y uno somos todos. En mi alma vive la Divinidad, y la Divinidad es Dios. Las estrellas se ponen en mi camino y me alumbran mi sendero de la verdad.

Te alabo, te alabo

Oh, Dios, mi Dios, yo te alabo, te alabo con mi corazón en la mano.

Oh, Dios, eres mi dulce canción. Oh, mi Dios, estás en mí.

Oh, Dios, mi Dios, sólo sé que te amo, y con este amor te clamo amor, mucho amor. Sólo sé que tu amor me da vida. Dios de los cielos, estoy parada en una de tus nubes abriendo mis brazos para abrazarte, queriéndote decir te amo y queriendo gozar de tu cielo, fabricando mucho amor, en lo alto, contigo, mi Dios. Te alabo con mi corazón, con mi ser y con mi alma.

El chocorol

Estoy sentada comiendo un
delicioso chocorol con piña adentro,

lo disfruto como cuando era niña.

Soy, tal cual, niña, como antes,
feliz. Me encantaba comer

pastelillos y galletas, desde entonces soy una
comelona del dulce, mi amigo. Estoy libre y sana, me
encanta comer chocolates, me enamora el alma, me
siento alegre, risueña y romántica y mi alma baila
en un vaivén. Estoy tan relajada y Dios me habla a
través de estas líneas; y yo sólo lo escucho y
me dice: No hagas caso de las preocupaciones.

El tiempo es tu mejor amigo y el tiempo arregla todo. Voy
por el camino y me siento acompañada por el tiempo;

me toma de la mano, me eleva por el sendero del río y
voy volando sin parar, buscando respuesta. El río canta
y viento le contesta: Shiiii, María Esther va volando muy
alto, muy alto; no la distraigas. El viento, celoso, no me
quería compartir, y el río se sonrojó y dijo: Yo le canto
porque la amo, y ella se siente feliz al escucharme.

El viento ya no dijo nada y María Esther se elevaba
sobre la montaña. Vio los pájaros sobre la montaña
y las águilas, que compartían el mismo aire,
queriendo alcanzar la Luna.

Poco a poco iba bajando y cuando
vi la noche iba oscureciendo.

Las estrellas en los pies me iluminaban el
camino y yo, muy feliz, caminaba ante Dios,

y Dios me contemplaba. Ese
día terminé muy relajada y amada.

Mi confianza en Dios

Dios, ¿cómo eres? Muchos dicen que eres inalcanzable, otros dicen que eres temor. Yo sólo me imagino que eres un Dios de amor; me imagino que eres una gran luz, brillante, cuya luz nos irradia de tu amor; me imagino que estás en cada ser, haciéndote presente;

me imagino que eres una bruma de energía

que se mueve de un lado a otro, o como una burbuja; en fin, de muchas formas.

Pero lo más hermoso es que te siento en mi ser. Esa Divinidad conspira con mi alma y se hacen una sola persona,

que soy yo. Me encanta que estés en mí; yo deseo que sigas manifestándote en mí porque soy mejor persona, con una prosperidad en todo,

para un bien mayor.

Luna, Luna

Te veo a través de mi ventana: redonda como una esfera, con una luz tan intensa que reflejas el amor, un amor puro y verdadero. Tú me das la tranquilidad que deseo. Eres tan grande que pareciera que te puedo tocar con mis manos. Te quiero abrazar, quiero imitarte, Luna, quiero dar y reflejar esa luz.

Luna, Luna, entro contigo en romance. Deseo tomar un rico vino contigo

porque, cada vez que te veo, tu amor me llena.

Dios te creó para alumbrarnos, eres un pedacito de Dios.

Así te miro, mi Luna preciosa, eres inigualable en este Universo inmenso. Luna de mis amores, eres muy especial, tú siempre con nosotros en estas noches oscuras; tu luz resplandece con dulzura. Me contagias con tu amor, tu amor me llena el alma mía.

Amor a mí misma

Un día alguien me hizo sentir un gran amor, un amor que endulzaba el alma;

todo era color rosa, sonreía por todo y todo era bello,

todo brillaba. Era un amor que dejaba huella; todo en su momento, todo único. Cuando me vi, dependía de otra persona. Toda mi vida la había entregado a él.

Reacciono y me pongo a pensar. ¿Esto me gusta? Porque era feliz mientras él me daba amor, entonces me dije: Aprende a amarte y serás más feliz, porque tu vida es tu vida y tu felicidad es tu felicidad, de nadie más. Lo maravilloso es amarme a mí misma.

Para mí Díos

Mi amor es más grande que el Sol; es más grande que la Luna; es más grande que el firmamento. Yo sólo sé qué es lo que siento, y es un verdadero amor. Sólo quiero entregártelo porque brota de mi corazón

y en mis manos ya no cabe, se sale, se riega por el camino. Todo este amor es para el mundo entero, para ti, Universo.

Ven, Dios, toma este amor de mis manos, de mi cuerpo.

Yo sólo quiero brindar contigo, con este amor, este amor que me apasiona y me mata, porque es tan inmenso, tan grande, que siento que me reviente el alma.

A ti, mi Dios, te brindo esta copa llena de amor; te bendigo con mi espíritu y mi alma. Sólo sé que estás conmigo. Sonrío y te tomo de las manos; juntos vamos.

El encuentro con mi Dios

Me veo volando por el mar, un mar azul, cristalino. Ando en altamar con mis brazos extendidos y el Sol iluminándome está. Jugando con los delfines estoy, que irradian puro amor con sonidos perfectos; me buscan, me siguen y saltan.

Yo les extiendo mis brazos, ellos besan mis manos y me siento maravillada. Veo que Dios viene observándome; viene en forma de bruma, lo siento. Él me puso a su encuentro y me lleva a pasear por su entorno; me lleva, me trae y, en ese momento, Dios me habla y me dice:

¿Qué es lo que deseas? Que yo te amo y tengo todo para ti. Tú dime. Yo me siento afortunada, me siento cautivada, me siento transformada, me siento amada.

Gracias, Dios.

Eva

Siempre atractiva, siempre sonriente, siempre humilde, siempre tan guapa,

eres tan hermosa, querida hermana. Te quiero con el alma. Tú siempre conmigo; estás en las buenas y en las malas. Mi querida hermana, hoy te admiro y te amo. Toda mi vida la daría por ti porque tú eres para mí más que mi vida propia, no lo dudaría ni un segundo

porque tú estás en mi alma.

Vivirás conmigo toda mi eternidad.

Tía Yola

Tía, tu amor se manifiesta en muchas formas: a través de tu cuerpo, de tu risa, de tu entusiasmo, en ese venir a Oaxaca y viendo cómo te deleitas con nosotros. Eres asombrosa al contarnos tus historias, y tu alma habla de ese amor que tú sabes expresar. Todo lo llenas de alegría y de esperanza, todo lo ves con solución inmediata.

Has estado conmigo todo este tiempo, siempre dando el consejo sabio,

el cual yo siempre he sabido escuchar;

así es, tía hermosa. Tú siempre atenta y con una visión única,

todo el tiempo tu sonrisa presente.

Tía Chelo

Tía de mi alma, eres encantadora y me das ese ánimo para seguir. Veo tu amor en tus ojos, en tu corazón. No necesitas decir palabras porque todo lo das, y quisieras dar más de lo que tienes. Eres tan humilde que realza tu belleza.

Cualquiera se da cuenta que lo que te sobra es esa luz,

esa Divinidad, esta Divinidad que nace de tus entrañas. Quiero decirte, tía, gracias por ese amor, ese amor que contagias. Amo todo de ti; eres adorable.

Te amo.

Rosa

Eres mi hermana mayor, hermosa como una rosa, la rosa más preciosa del jardín. Es un gusto conocerte, tenerte como hermana, saber quién eres y cómo eres. Eres una mujer con mucho carácter, muy convincente y única. Tú, hermana, eres primorosa. Contigo platico muy bien; siento que hablamos el mismo idioma y siento también que nos encontraremos en el edén.

Te doy gracias por amarme, te agradezco tus atenciones cuando era niña; gracias, hermana, por todo. Sólo quiero decirte que te amo.

Lulú

Lulú de mis amores, al hablar de ti

mi alma brinca alborotada; sólo el pensar me resalta mi corazón. Señora de los rizos preciosos, esponjositos, acojinados, suavecitos, se sienten tus rizos que Dios te ha dado;

te hacen única y resaltan tu ser, lo maravillosa que eres, haciendo que tu alma se manifieste con alegría, ese ser que es el templo de Dios. Hermana querida, hoy tengo oportunidad de decirte lo mucho que te amo, y te admiro por ese amor que le pones a nuestro Dios, esa dedicación que en ti está. Perdón, hermana, si te fallé. Hermana mía, así como amas a Dios, ámate a ti misma.

Sólo sé que te amo.

Amándote

Eres el hombre que amé; te amaré como Dios te ama en esta vida. Desde el primer día que te vi, me subí al coche azul. Has sido para mí la gran experiencia de la vida.

Quiero decir te amo, te amo con ternura.
No sé si vuelva encontrar otra persona como tú;

si no, me basta con tu recuerdo. Como tú,
ninguna persona; la he buscado, sin encontrarla.
Sólo quiero agradecer esta oportunidad tenida,
ya que me doy por bien servida.

Quiero que sepas que te amé y te
amaré; así soy yo, loca de amor por ti.

Por ti daría mi ser sin dudarlo. Sólo déjate amar,

que amándote estoy ya.

Yo en ti

Universo, contigo en las estrellas que iluminan mi alma, mi ser, conmigo en el camino del sendero del bien. Tú, que alegras mi vida, mi amor, juntos vamos, mi Dios; vamos más allá del Sol, donde observemos todas tus maravillas. Me encanta que estés junto a mí. Veo cómo vuelo y mis alas no se cansan de aletear; me veo con mucha luz y contagio a todos los seres que están en mi entorno de alegría, amor y paz. A ti, mi querido Universo, te doy las gracias por consentirme con este gran viaje y este gran amor. Te amo.

Todo es tuyo mi Dios

Todo lo que yo consideraba mío… sé que todo es tuyo. Yo te ofrezco, con amor, sólo mi corazón, mi vida y mi alma. Soy tu creación divina, única y especial, tú eres mi fe y esperanza en mí. En ti confío y confío en mí, ja, ja, ja. Yo sólo vengo a vivir una experiencia humana,

porque mi alma te pertenece y vengo a dar lo mejor de mí. Sé que no es fácil, pero puedo decirte que gracias a ti, y cómo te siento en mí, es más hermoso vivir esta vida;

contigo hasta el final.

Soy una con Dios

Gracias, gracias por crearme a tu imagen y semejanza; tú en mí y yo en ti. Cuando me veo en el espejo, en ti me reflejo; me miro, te contemplo y me digo: Así es Dios. Guau, me dejas sorprendida. Antes no me gustaba verme, pero, cuando me fui transformando, me fui aceptando y te fui aceptando en mi vida, en mi ser, en mi alma. Soy toda tuya. Mi alma te agradece la vida permitida, porque vida soy. Me realzas mi verdad y mi verdad es tu amor; el amor eres tú. Soy una contigo, somos cómplices en este andar. Te amo.

Veo correr

Veo correr tus hojas del árbol; veo correr tu viento atrás de mi cuerpo; veo correr el tiempo en mi vida, pero lo más bonito es ver correr tus pensamientos en mi mente, porque mi mente es tuya, mi universo, y en mi mente se albergan los pensamientos de Dios.

Dios me habla a través de mis pensamientos, tú sólo me das amor, paz y prosperidad.

Gracias, mi Dios, por hablarme y entenderme. Haces correr mi sangre, me siento viva y eso es vida, porque eso eres tú: vida eterna. Eres infinito.

Te amo.

Mi ser me dice

Te amo con el alma, te amo con el corazón, te amo con mi riqueza,

que emana de este encuentro soñador. Soy del Sol, de la Luna, de las estrellas, de este mar azul y de las montañas, que me gritan con su eco que me aman, donde radicas tú. Pero lo más preciado, lo más querido, es que tú vives en mí, en mi corazón.

Mi corazón late y mi sangre corre en todo mi cuerpo; mis células alegres están vibrando para ti. Contigo todo mi ser, mi fiel Dios, siempre amándonos.

Lo siento, perdóname, te amo, gracias.

Gozando de tu sombra

Maravillosas tus obras, Dios. Hoy gozo
de la sombra del árbol de tamarindo;

disfruto, en este atardecer cálido a mi madre sentada, el aire refrescándonos. Sin dejar de platicarme, ella, muy gustosa, toma el fresco muy alegre; se siente libre. Estamos en un pueblo donde ella vivió y me cuenta de las personas conocidas; yo la escucho con atención. Estamos disfrutando el canto de los pájaros, escuchando su voz en mi corazón y sintiendo una paz. La veo tan relajada que me contagia su vivir, llevándote en todo momento en mi ser. Yo soy imagen y semejanza tuya.

Gracias por darme la vida,
la fortaleza y ese vigor de vivir.

Gracias, vida

Gracias por permitirme existir

en este Universo especial. Me siento afortunada de estar aquí y sentir tu amor tan espléndido en mí; me siento agraciada, plena y satisfecha. Veo todo este amor, que me embriaga, y esta invasión de paz que me das; me enciende el alma. Sólo tú logras esta alegría, este amor, yo sólo te dedico todo mi ser.

Gracias.

En este andar

Sólo tú, mi Dios, en este andar en esta Tierra,

me llevas y me traes con este
suspirar, viéndome y preguntándome

hasta cuándo encontraré la paz.

Y tú diciéndome al oído: Acá estoy contigo, en tu corazón
fuerte. Hallarás el amor cautivo. Te amo y vivo en ti.

¿Nadie te había dicho que aquí vivo en ti?

Y, en ese mirar que tienes, despliegas
ese gran amor que hay en ti,

y así, con ese mirar que emanas, sólo
créetelo, yo me siento tu gran dueño. Eres
mía y deseo que seas feliz, para eso te creé.

Te sonrío y me sonríes.

Te amo.

Me acepto

Me amo tal cual soy. Con locura me amaré, en silencio me amaré, me amaré, me amaré. El no ser perfecta… Me amaré. Hoy en día me doy cuenta de cuánto valgo, me doy mi espacio, acepto este hermoso cuerpo y mi alma alegre está, porque ahora, a pesar de todo, me amaré. Aunque me digan lo más feo, yo me amaré; no escucharé palabras negativas y me aceptaré. Ahora me doy mi tiempo y hago lo que quiero a raíz de saber lo que no quiero. Soy libre, libre, libre; vuelo, vuelo, vuelo.

Sólo amándome por toda la vida.

A mí madre

El ser más bello de la Tierra, mi madre, sólo ella. Te amo, madre, te amo. Perdón te pido, pues diste todo tu amor hacia mí y yo no lo pude aprovechar, poniendo el orgullo entre nosotras. Ahora me arrepiento por no saberte amar, pero no es tarde para arrepentirse; sé que ahora tengo tiempo para dedicarte. Con mucho amor te miro y mucho amor tengo para darte, y ese amor nos envuelve. Tu alma pura es y tu alma es mi alma; siempre unidas tú y yo. Tal vez en la otra vida fuiste mi madre también, por eso el querer tan grande que nos tenemos.

Unidas y juntas por los caminos y los viajes, pero sabemos que cada una va a entregar su alma.

Juntas, pero no revueltas, ja, ja, ja.

Buenos días, mi Dios

Buenos días, mi Dios. Hoy nos ilumina tu Sol, tan radiante como tú, así de soñador y brillante. Tu mañana está enardecida de alegría, con mucha gente alabándote, dándote gracias por el nuevo día. Yo te saludo con mi alma en mis manos, te la ofrezco con todo mi ser; los rayos del Sol la calientan para así ofrecerte lo mejor.

Reconozco que tú eres mi fuerza, reconozco que tú me das la vida, reconozco que tú me das la esperanza, esa esperanza que llena mi alma y que me hace vibrar en tu amor.

Así reconfortas mi nuevo día y
reconfortas mi ser, mi cuerpo y mi entorno,

dándote gracias por estar con nosotros.

Sandalias doradas

Tú, amor, estás en mi sangre, estás en mi sonrisa, estás en mi hambre, manifestándote en todo momento; aun cuando duermo, tu suspiro está dentro de mí,

albergando mi pensamiento.
Tus pensamientos son mis pensamientos

y yo, alegre, sintiendo tu amor divino,

me creo una divinidad. Siento mi alma regocijándome con mucha paz, paz de libertad, con paz de amor. Vuelo en tus alturas, vuelo hacia tus brazos, vuelo hacia tu infinito; camino sobre tus nubes con unas sandalias doradas, camino paso a pasito, donde tus rayos del Sol reflejan con esplendor, iluminando el día. El día brilla, los mares resaltan el color azul, las montañas sonríen con ese verde esmeralda,

el cielo canta con amor, el aire mágico sopla mis cabellos y la tierra firme me lleva a los caminos de mi verdad. Todo esto pasa por sentirme con amor y paz.

Esperándote

Vida mía, aquí esperándote estoy.

Veo los caminos, sonrío, volteo, buscándote voy y mis brazos esperándote están,

esperando bajar la Luna llena para poder entregártela. Cuando eso suceda, podré abrir mis ojos y contemplar tu figura. Siento la brisa en mi frente, dándose a notar la frescura que hay en tu alma.

Espero ese gran encuentro inmortal. Tengo la sensación de ese amor, ese amor espiritual en el que estas 2 almas viven siempre juntas, siempre amadas, en este mundo terrenal.

¡Oh, Dios!

Mi Dios, a ti, que eres omnipotente, te
alabamos desde la Tierra hasta el Universo,

dándote gracias con los brazos abiertos,

con los ojos hacia el cielo. Te alabo
y te bendigo desde mis entrañas

y este ser bendito. Yo, mi Dios, contigo,

cantando y bailando danzas de
alegría. Esa alegría que nace de ti

me la irradias y yo la percibo.

A ti, mi Dios, que diriges nuestra
inteligencia y sabiduría, te doy gracias,
gracias, gracias. Me haces sentir muy
plena con ese amor que me regalas.
Dios, Creador mío, gracias por la salud
y misericordia dada. Siempre tú en este
mundo maravilloso, tú sólo majestuoso,
mi Dios. Te alabo, te alabo

y alabaré.

Tú y yo

Juntos, siempre juntos tú y yo, nos adivinamos el pensamiento. Soy una contigo porque somos un solo ser, un solo ser en este mundo. Compartimos nuestras alegrías porque decidimos ser amor. Amor divino, tú eres mi esencia, la esencia celestial.

Cada día tú en mí, en mis entrañas, en mi sangre, en mi latir. Tú y yo volando a la par en todo tu firmamento infinito, sintiéndonos dichosos; un vuelo sin cesar en el que cada mañana nos vemos, sin poder hablar, y el amor nos brinda todo gozo.

Mi corazón

Mi corazón es tuyo, oh, Dios. Todo mi ser, con el Universo, y las montañas cantan con su voz, y el eco responde a mi alma.

Mis células brillan de benevolencia. Oh, Dios, mi ser es creación divina, soy tu hija consentida. Desde que amanece, mi mente pensando en ti está; en mis sueños tú sólo conmigo, y yo en tu presencia. Me sonríes al verme en la cama,

me das un beso en el alma, me das tu abundancia infinita. En el sueño percibo tu alma, donde me cubres con tus alas doradas.

El horizonte

Mi mirada hacia el mar se pierde en el horizonte, donde sólo buscándote estoy. Encuentro sólo paz y amor, ese amor que invade mi alma, esa paz que abarca mi ser, con el que mis entrañas saltan de alegría, con el que todo es majestuosidad, con el que llevas a mi alma a tu fuente, con el que la purificas con la mirada y me la devuelves con mucho amor. Gracias, Dios, gracias.

Dios, en mí otra vez, me renuevas mi cuerpo, mi ser, mi entorno; todo renace, todo perfecto, como tú. Yo sólo deseo estar en ti, estar en mi espíritu contigo, disfrutando de ese amor que emanas, porque sólo tú, Dios, logras que yo esté de pie de nuevo, en ti, con ese amor pleno, con ese amor que embriaga.

Mi amor por ti

Va más allá de mi ser, va más allá del Sol,
ser parte de tu amor; es inigualable.

Mi ser superior, estás en mí en todo momento.
Soy única y especial en tu vida. Sé que me amas,
pues me creaste a tu imagen y semejanza.

Tú, mi Dios, eres mi alegría, eres
mi razón de ser, mi amor, mi gracia.

Tú eres majestuoso y todo lo puedes.

Tú, mi Dios, Creador de esta vida, tienes
iluminada esta Tierra, donde nosotros estamos
con ella, de donde nos sale el amor para ti.

Alabándote, bendiciéndote, yo te ofrezco mi
vida entera; sólo eso puedo ofrecerte, pues es
lo más valioso que tengo.

Las nubes

Estoy bajo las sombras de
las nubes parada, observando,

mirando al cielo. Las nubes me
contemplan y yo admiro su reflejo en la tierra;

son grandes muy grandes. Yo sólo las
contemplo: parecen de algodón, son muy
blancas y se ven que danzan y danzan;

es que se mueven de acá para
allá y sólo el aire las puede tocar,

sólo ellas se deslizan entre sí. Ellas vienen
hacia mí y pareciere que las puedo tocar,
pero me juegan una travesura.

El aire se las lleva, tengo ese sentir de tocarlas, y así
me pongo a jugar con ellas. Yo sólo me dejo llevar. Soy
feliz de poder disfrutarlas; me brindan mucha paz.

Amo a la vida

Me amo con amor divino, con
un amor dulce, suave y en paz.

Yo sólo puedo apreciar este amorque sólo
Dios puede irradiar; yo sólo lo acepto.

Estoy dispuesta a vivir con él, nadie puede
quitármelo, porque Él me ama y yo lo amo.
Juntos por el camino vamos, sonriendo a
la vida; vamos bailando por el sendero,
manifestando amor, sólo amor. Tus árboles
nos aplauden al vernos pasar, las piedras se
hacen a un lado cuando caminamos,

los ríos cuchichean al vernos y nos dicen:
Amarnos nos hace bien a todos. El viento
chifla de felicidad, el fuego se enardece con
locura, las personas se sorprenden con lo
que ven y así, con este amor divino, lo vivo
yo y mi familia, porque todo se manifiesta,
todo es para un bien mayor.

Paz en mi corazón

Mi cabeza inclinada está, pensando en mi Dios. Cerrando mis ojos estoy y mi boca, cantando, manifiesta alegría.

En mi ser hay tranquilidad, mucha armonía; hay un amor divino. En mi cuerpo vive Dios; siento que vibra en mi sangre, en mi alma y

me siento plena con su luz, que irradia en mi vida. Su calidez está conmigo,

yo sólo lo acepto y lo amo. Soy gozosa con este amor que habla y me llena el corazón de tanta alegría y dicha. Yo recibo este amor, me dejo consentir por la prosperidad, me pongo en equilibrio con la vida, aprendo a perdonarme

y estoy en la sabiduría.

Soy toda tuya, oh, mi Dios.

Papá

Papá, te recuerdo constantemente todos los días.
Quiero decirte que siempre has sido mi héroe;

tal vez nunca te lo dije, pero en mi mente ese
recuerdo lo traigo siempre, ese abrazo que me dabas

cuando te rasurabas la barba. Veía que te
sentabas y yo corría para que me abrazaras;

hasta el día de hoy me pone nostálgica ese recuerdo
hermoso. Toda mi vida te he admirado, así como tu
caminar, tu gallardía, tu altivez, tu forma de hablar,
tu altura, tu voz y tu humildad.

Tú me enseñaste a leer y a disparar las armas;

sentía que me admirabas por lo hábil que
soy y me aplaudías porque aprendí rápido.

Cada vez que ibas al campo, tú regresabas
con una tortuga para mí. Me la dabas y me
decías: Mira qué te traje. Y yo te preguntaba:

¿Por qué me traes una tortuga?

Y tú me contestabas: Es que veo que
la tortuga tiene su boca igual a la tuya.

Y yo me quedaba pensando: ¿Será? Ja, ja, ja.

En ese momento no decía nada,
sólo la tomaba y me iba a jugar con ella.

Siempre sentí que era tu hija consentida,

y hasta hoy valoro todo ese amor que sentías por mí, pero tus programaciones no te dejaban expresar lo que sentías; ahora lo entiendo y lo valoro. Quiero decirte que te llevo en mi alma. Donde quiera que estés, mi amor por ti será incondicional. Me diste muchas lecciones de vida,

gracias, gracias, gracias.

Mis células

Mis células son el canal de mi amor, son ellas la alegría manifestada en mi ser. Con ellas me llevo muy bien, pues día con día les hablo de mi amor; les digo que las amo y

se organizan con amor para mí. El Universo contribuye en todo y mis células dan amor, salud y paz; viven el día y el presente y

se manifiestan en un vibrar de amor.

Cuando una célula se siente mal, todas la socorren para hacerla sentir mejor.

Ellas se aman y aman a su creador, Dios.

Gritan de plenitud, de prosperidad, de alegría de salud;

gozan la verdad, gozan a Dios, y disfrutan de mi cuerpo, mi mente y mi sangre, la cual queda impresionada,

pues corriendo va por mis venas, nutriendo cada célula de amor en cada instante.

Ellas no vienen a sobrevivir, ellas vienen a vivir.

Como la Luna

Yo loca, como la Luna, le sonrío a
la vida y me da una oportunidad más.

Veo pasar el tren y me subo. Me lleva de paseo al edén. Disfruto el viaje, todo perfecto, y me siento tranquila y alegre. Voy por una ruta sin fin sin ver a dónde ir, sólo sé que llevo un destino

con un placer de encontrarme a mí misma.

¿Buscando quién soy? Al final encuentro

lo grandiosa que soy. Soy un amor perfecto,

hija del Creador, Dios. Me amo, me respeto, aprendo a poner límites, me valoro y me apapacho. Yo ya no volteo hacia atrás, sólo le digo adiós al pasado. Voy en busca de mi verdad: mi verdad es el amor y el amor es Dios.

De 17 a 18 años

Mi hijo David nervioso está. Son las 22:31 de la noche y él cenando está,

con su sonrisa tan peculiar que tiene.

Él es alto, tiene un alma de niño y es juguetón travieso, alegre y feliz. Él es muy contreras, pero yo ya le entiendo: cuando dice que sí, es no.

Yo lo amo, lo amo mucho, es mi hijo el preferido; daría mi vida por él sin pensarlo, no lo dudaría ni un segundo.

David, amor, quiero decirte que bendito eres.

Dios te creó para un objetivo en esta vida, sólo déjate llevar por tu inteligencia y sabiduría. Aprende escuchar a tu alma, que ella te habla día con día. Disfruta este número 18 que Dios te ha permitido.

Él está entre nosotros y te veo como una persona madura, amorosa, espiritual, próspera y sana.

Bendito eres y resurge en esta vida.

Te ama, tu mamá.

La mejor versión de mí

Te diré que soy la mejor versión de mí.
No espero amor de nadie, sólo el de Dios.

Me basto con mi amor y confío
en mi ser, es por eso es que sigo acá.

Me doy esa tranquilidad y me disfruto. Hoy me puse un vestido rojo; me gusté y pensé en mí. Es un vestido que hace resaltar mi corazón, mi cuerpo; me acomoda muy bien. Me puse un perfume rico, suave, dulce. Mi alma se alborota y me dice: ¿Vamos a salir? Le contesto: Sólo nos arreglamos porque nos amamos. Si alguien quisiera amarme, que me ame con su locura, que yo sólo me dejaría envolver en ese amor mágico que me hace mi vida.

Mi realidad

En mi realidad, y en mi presente, te amo. Sólo sé que me encantas y me haces sentir muy bien, aunque en persona no te conozca, pero déjame decirte que a través de mi alma te conozco y reconozco. Te beso donde nadie te ha besado: en tu alma iluminada, tu alma enamorada. Ojalá un día nos pudiéramos ver, y ese día te bañaría de miel para poderte comer a besos. Serías todo mío en ese momento. Cuando me dices que estás trabajando, yo te veo con mis ojos del alma y beso tu corazón para no distraerte.

Te extraño

Te extraño y a veces me digo que ya no voy a sentir
y a escribir, porque eres un hombre de muy pocas
palabras, pero me contesto que solo sé que me
encantas. Te amo en silencio y grito
que te amo. No sé cuál es tu sentir.

Cuánto me gustaría estar entre tus brazos;

tú sólo me dices: Pienso igual;

tenemos que vernos y estar juntos. Sería mucha
alegría y mi corazón se emocionaría. Después
de esto podré morir tranquila, ja, ja, ja,

y morir entre tus brazos.
Ya viví y ya viajé, ¿qué más da?

Sólo es un decir, me gusta distraerme, ja, ja, ja.

Desde mi ventana

Contemplando el amanecer, mis mejillas se ruborizan.
Mis ojos admiran el cielo azul y
mis cabellos se realzan con este sentimiento.
Todo esto lo percibo desde mi ventana.
Tengo en mis manos mi taza con café,
lo disfruto dando sorbos poco a poco y
lo saboreo. Mmm, su aroma invade mi cuerpo
y su sabor permanece en mi boca.
La vida es una y yo una con la vida. La veo tan hermosa,
tan deseosa de vivirla. Tomo este momento único,
que es mi inspiración para llenarme de energía y sentir a mi Dios.
Lo realzo, lo vivo, lo manifiesto; es una alegría vivirlo.
Soy el espejo de Dios. Los rayos del Sol vienen a mi cuerpo y
mis bellitos se estremecen; el calor del Sol los contempla
y los aplaca. La vida es así, es contemplarla, vivirla y gozarla.
Situaciones habrá y depende de mí cómo quiero verlas.
Si tienen solución, soluciono,
si no, se las entrego a Dios. Si estoy en paz escucharé
el consejo idóneo.

Mi Totolapam querido

Tus montañas tan hermosas e impresionantes…

Me hiciste recordar toda mi
niñez en un abrir y cerrar de ojos.

Todo fue muy rápido, pero una dicha el ver y
saludar a las personas que cruzaban mi camino.
Me sentí como si fuera una niña de nuevo,

muy emocionada, encantada. Tu clima muy
cálido, como si me esperara. Todo muy tranquilo.

Hiciste que temblara mi
corazón de mucha dicha y gozo.

Me llevaste a los recuerdos más
sublimes y a los recuerdos más maravillosos.

Recordé cómo tomaba agua de la llave
en la calle, ja, ja, ja, y no me enfermaba.

Sólo me faltó visitar el río que
siempre tiene agua, pero me imagino

que ha de estar precioso, con sus
aguas cristalinas y sus playas extendidas.

El otro río lo llamamos río seco porque
sólo en tiempos de lluvia lleva mucha agua.

Tú, mi fiel Totolapam, nos dejas ir
y, de igual forma, nos aceptas el regreso.

Ya te extrañaba, ya quería caminar por todo el pueblo.

Te disfruté mucho, como nunca.

Te amo, ¿cómo no amarte? Me viste crecer. Ahí reposa mi hija y mi familia.

Te amo con el corazón.

Anochecer en Totolapam

En ese poco azul del cielo, en ese atardecer, en ese sentir, en ese arrullar, en ese silencio, dónde sólo podemos escuchar el agua del río tan peculiar, donde las luciérnagas aparecen con ese brillar,

con esa luz que hipnotiza, que me lleva y me trae para seguirlas… Sólo eso sucede en mi Totolapam querido. Esto me trae mucha nostalgia,

muchos recuerdos, mi niñez, mi adolescencia. Qué recuerdos tan bonitos que valen la pena vivir otra vez. Las estrellas empiezan a dar su brillo y la Luna empieza asomarse, y con ese cantar del río las ranas arman su orquesta, originando una preciosa melodía.

Me siento enamorada, me enamora el alma, disfruto el firmamento.

Esto es amor, amor puro y verdadero.

Refresco mi ser

Refresco mis memorias para que sean agradables.
Refresco mis ideas para que sean dulces y relajantes.
Refresco mi ser para que viva el presente.
Refresco mis habilidades para tener
mucha creatividad y hacerlas con gusto.
Refresco mis virtudes para recordar quién me creó.
Refresco mis células para que vivan en armonía y en salud.
Refresco mi sangre para que circule bien en mi cuerpo.
Refresco mi cantar para que mi alma viva plenamente en mi ser.
Refresco mi mirada para que mis ventanas del alma vean al amor.
Refresco mis oídos para que escuchen la voz de mi alma.
Refresco a mi mente para que despierte a la
vida, a su presente y en este vibrar de paz y amor
encuentre la libertad, la plenitud y el amor.

Yeidi

Admiro el amor que manifiestas,
ese amor que emanas al entorno.
Eres una niña rosa-azul con tu ángel en ti.
Veo que das todo lo que irradias,
pues tú misma eres el ángel que reposa en ti.
Esa picardía con la que juegas y esa risa espontánea
le da brillo a toda tu vida
y a los que te acompañan. Es un
gusto verte cada día con esa sonrisa,
pues veo esa alegría y sabiduría divina.
Yeidi, sigue así con esa espontaneidad,
ya que eres única y especial en esta vida;
traes un alma pura y muy sincera.
Con el poco trato que tuvimos
me pude percatar de que tu alma es pura y sincera
desde la vez primera que te conocí.
En este plano representas a un ser de luz
que Dios te propuso para un bien mayor.
Te admiro.

www.ingramcontent.com/pod-product-compliance
Lightning Source LLC
Chambersburg PA
CBHW071700090426
42738CB00009B/1610